허들지 않는다는 것

철들지 않는다는 것
하종강의 중년일기

제1판 제1쇄 발행일 2007년 6월 10일
　　　제2쇄 발행일 2008년 1월 1일
　　　제3쇄 발행일 2010년 5월 1일

글쓴이 | 하종강

기획 | 책도둑(박정훈, 박정식, 김민호)
기획에 도움을 주신 분들 | 이병수, 안건모, 고서원, 김위종, 김기옥, 김기철
디자인 | 한수원
인쇄 | (주)갑우문화사
발행인 | 김은지
발행처 | 철수와영희
등록번호 | 제319-2005-42호
주소 | 서울 마포구 망원1동 386-2 양경회관 302-1호
전화 | (02)332-0815
팩스 | (02)6091-0815
전자우편 | chulsu815@hanmail.net

ⓒ 하종강 2007

*이 책 내용의 일부 또는 전부를 재사용하려면 반드시 저작권자와 철수와영희 양측의 동의를 얻어야 합니다.
*책값은 뒤표지에 있습니다.
*이 책 판매 수익금의 일부는 외국인 이주노동자 인권 단체 활동에 기부됩니다.

ISBN 978-89-958338-3-4 03810

철수와영희 출판사는 어린이 철수와 영희, 어른 철수와 영희에게 도움되는 책을 펴내기 위해 노력하고 있습니다.

철들지 않는다는 것

하종강의 중년일기

철수와영희

책을 내며
평범한 소시민의 정서만큼 귀한 것도 없다

연애를 하는 9년 동안, 그리고 결혼한 뒤에도 몇 년 세월 동안 내가 하는 일을 안해에게 말하지 못했다. 새벽에 나가 한밤중에 들어오는 나에게 안해도 "오늘은 무슨 일이 있었느냐?"고 굳이 묻지 않았다. 아무 말 없이 나갔다가 며칠 만에 들어와도 안해는 "그동안 누구를 만났느냐?"고 따져 묻지 않았다. 영화에 나오는 무슨 첩보기관의 요원도 아니면서, 도적놈은 더더욱 아니면서도 그 시대에는 수만 명의 사람들이 그렇게 살았다.

그렇게 살아본 경험이 있는 사람들에게 "철들지 않는다"는 것은 그 시절을 완전히 잊어버리지는 못한다는 뜻이다. '평범한 소시민의 소중한 정서만큼 귀한 것도 없다'고 스스로 합리화하며 살아가는 지금도 그 시대를 겪어 본 중년의 사내에게는 언제나 뒤통수를 잡아끄는, 도저히 떨칠 수 없는 생각들이 있다. 이를테면 다음과 같은 것들이다.

아랫녘에서 농민회장 일을 맡아 하는 후배를 만나러 내려가는 몇 시간 동안, 신기할 정도로 계속 장대비가 내렸다. 서울의 우리 연구소 직원들이나 아랫녘의 후배와 가끔 통화하면서 물어보면 그곳에는 그렇게 계속 장대비가 오지는 않는다고 했으니, 아마 그날 내가 비구름을 계속 따라다녔지 싶다. 목적지에 거의 다 도착해서야 빗발이 좀 가늘어졌다.

농촌에 내려가 열심히 농사를 지으며 살다가 그곳에서 만난 참한 처자와 결혼을 하고, 20여 년 세월이 지나는 동안 이제는 말씨까지 그곳 사람이 다 된, 자랑스러운 후배를 오랜만에 만났다. 일을 다 마치고 농민회

사무실을 나서려고 짐을 주섬주섬 챙기는데, 온몸이 흙투성이가 다 된 농민회원 한 사람이 사무실에 들어섰다. 후배가 "논은 좀 어떻디여?"라고 물으니 그 농부는 지친 모습으로 소파에 털썩 몸을 묻으며 답했다.

"아까 가 봤을 때 막 넘치고 있었으니까, 지금쯤은 다 물에 잠겼을 거요."

흙이 잔뜩 묻은 두 손으로 얼굴을 쓸어내리며 피곤에 지친 듯 중얼거렸다.

"농사일은 이래서 마음이 슬퍼…"

그곳을 떠나 고속도로를 한참 달리도록 그 농사꾼의 얼굴이 눈에 선한데, 라디오 음악프로그램 진행자가 살가운 목소리로 속삭였다.

"이렇게 하루 종일 비가 내리는 날은, 커피를 한 잔 들고 비 내리는 창가에 서 보세요. 창밖에 내리는 빗줄기를 바라보세요. 사랑은 비를 타고 온다고 했던가요? 생활의 여유를 느껴보세요."

계속 이어지는 진행자의 감미로운 목소리를 듣고 있다가 나도 모르게 입에서 저절로 욕이 나왔다.

"에라, 이…"

하루 종일 비가 내리는 날, 잊혀진 옛사랑이 생각나는 것을 어찌 탓할 수 있으랴. 그것이 어떻게 인간의 귀한 정서가 아닐 수 있으랴. 그 애틋하고 정겨운 느낌으로 수천, 수만 개의 영화와 소설들이 만들어졌고 지금도 계속 만들어지고 있는데… 그러나, 그러나 말이다. 하루 종일 비가 내리는 날, 수많은 사람들이 잊혀진 옛사랑을 추억할지라도, 한쪽 구석에서는, 논밭이 온통 물에 잠겨 몇 개월 흘린 땀이 물거품이 되는 걸 지켜봐야 하는 농사꾼의 아픈 마음을 위로하는 사람도 있어야 한다는 생각이 나 같은 사람에게는 일종의 '업'처럼 끊임없이 뒤통수를 잡아끄는 것이다.

노동문제와 관련된 일을 직업으로 선택한 사람들에게는 평범한 소시민의 소중한 '꿈'조차 없을 거라고 지레짐작하는 사람들도 있다. 그러나 절대로, 정말 '절대로' 그렇지 않다. 아끼는 후배가 어느날 문득 여성으로 다가서는 느낌조차 겪어보지 못했다면 그것은 새빨간 거짓말이거나 새빨간 꾸시레라는 뜻이다. 꿈이 '노동'을 뒤덮지 않더라도 사람들에게 다가설 수 있는 소중한 '꿈'에 대해서 말하고 싶었다.

예나 이제나 '나는 하종강에게 있어 노동자들보다 한 순위 아래다'라는 생각으로 한 걸음 뒤에 물러나 묵묵히 나를 지켜 보아준, 사랑하는 나의 안해 유명선에게 고맙다.

수많은 사람들의 죽음이 흰 빛 꽃잎으로 되살아나는 2007년 5월 어느날,

하종강 드림.

추천하는 글
하종강, 그와 나

정태인 (성공회대 교수)

하종강이 또 책을 냈다. 그 바쁜 와중에 이토록 아름다운 글을 써내는 것이 가능할까? 문득 깨닫는다. 곽곽한 현장을 항상 가까이 한다는 것이 해답일지도 모른다. 그 싸움 속에 오히려 절절한 사랑이 피어나는 법이다. 또한 그가 전국을 누비며 강연을 한다는 것도 이 글을 가능하게 했을 것이다. 눈물겨운 우리 강산을 보며 그 안에서 오글거리는 우리네 삶에 대한 애정 어린 성찰이 우러났을 것이다. 하종강을 언감생심, 나와 비교하는 것은 명암의 대조법이라고나 할까, 그렇게 해서 그가 얼마나 귀한 사람인지, 더 잘 드러날 것이기 때문이다. 물론 거기에는 내 배아픔도 섞여 있다.

하종강과 다른 점

"지갑을 잃어버린 것은 생전 처음 겪는 일이니 연중행사처럼 지갑을 잃어버리기도 한다는 사람들에 비하면 그것도 다행이지." - '지갑' - 그는 아마 후자의 예로 나를 떠올렸을 것이다. 한 때는 '월중행사'였다.

하종강은 고전음악을 좋아한다. - '바하', '레인보우', '고전음악 동아리' - 나는 잔다.

그 바쁜 와중에도 그는 다양한 취미생활을 한다. 자동차 매니아라는 건 직업과 무관하지 않지만 아마추어 무선통신사이기도 하다. 나는 술 마시고 드라마 보는 게 취미의 전부이다. 아, 낚시가 있지만 못 가 본 지 1년이 되었으니, 그걸 취미라고 하기엔….

몇 번 둘이 나란히 강연을 한 적이 있다. 나는 청중을 웃기고 하종강은 울린다. 문제는 하종강의 강연이 더 좋은 평가를 받는다는 점이다. 이건 좀 억울하다. 우는 쪽 감정이 더 강렬하기 때문이기도 하고, 경제문제로 사람 웃기는 게 더 어려울 수도 있기 때문이다.

그는 무조건 노동조합, 그리고 노동자 편이지만 난 냉정할 때도 있다. 이건 내가 경제학을 하기 때문에 어쩔 수 없다. 나는 자본가건, 노동자건 비슷한 비율의 이타성과 동시에 이기성을 가진 존재라고 생각한다. 그는 노조가 스스로 개혁하기를 마음 속으로만 바라지만 난 말을 해야 한다.

하종강과 같은 점

나도 전국을 누비며 일주일에 7~8회의 강연을 하고 있으니 이제 하종강을 충분히 이해하게 되었다. 그러나 역시 다르다. 난 이제 1년이고 머지 않아 한미 FTA와 함께 이 생활도 막을 내리겠지만, 그는 아마 죽을 때까지(앗, 형수에게 혼나겠다), 힘들어 운전을 하지 못할 때까지 할 사람이다.

"이 사람아, 그게 그만둬 달라는 얘기야. 냉정하게 '당신 짤렸다' 고 말할 수 없으니까 그만두라는 얘기를 그렇게 완곡하게 표현한 거야. 이 사람이 눈치도 없이 그걸 못 알아듣고 그냥 계속하게 해 달라고 떼를 썼구만…. 〈한겨레〉도 입장이 참 난처했겠어. 그만둬 달라는 얘기를 제대로 못 알아듣고, 계속 하라는 말인 줄 알고 좋아했으니, 이제 와서 '아니다' 라고 할 수도 없고…."-'한겨레신문 객원 논설위원'- 나도 '기자협회보'

에서 비슷한 소리를 들었다. 민주노동당 모 의원의 캠프에 들어갔다는 기사 때문이다. 그러나 나는 이 글을 본 덕에 "그만둬 달라는 얘기시죠? 그런 얘길 뭐 그렇게 어렵게 하세요?"라고 말할 수 있었다. 하종강은 나에게 도움된 적이 별로 없다.

글을 잘 쓴다. 호호호. 그러나 내 얘기는 재미가 없고 이해하기 어렵다. 하종강은 책을 몇 권이나 내고, 저 유명한 '전태일문학상'도 받았다. 나 역시 수없이 많은 글을 썼는데 책 내자는 출판사 하나 없고 문학상은 지금 처음 생각해 봤다. 스스로도 우습다. 그러므로 앞의 진술은 사실이 아니라 내 희망사항이다.

"인디언의 '친구'라는 단어는 '내 짐을 대신 지고 가는 사람'이라는 뜻이라고 하더군요." - '동갑내기 목사 친구' - 그는 평생 민중의 짐을 대신 지고 가는 사람일 것이다. 아니 같이 지고 갈 것이다. 이미 그것이 생활이기 때문이다. 나도 그러기를 바라지만 난 몸도 여유가 있고, 정신을 곤두세웠을 때만 그렇다.

독자들에게 드리는 조언 하나. 제3부 〈누워서 깨닫다〉는 웬만하면 읽지 마십시오. 틀림없이 '닭살부부'(하종강의 '노동과꿈' 홈페이지에서 통하는 공식 별명입니다.) '고슴도치' 등등의 낱말이 떠오를 겁니다. 시간이 남으면 읽어도 좋으나 결혼한 남성인 경우 절대로 '안해'와 함께 읽지 마십시오. 불행하게도 '안해'의 경우 역시 마찬가집니다. 결국 실천 능력이 현저하게 결여되어 있는 남편을 들볶게 되거나, 더 나쁜 경우 그저 한숨만 나올 겁니다. 여러분의 정신 건강을 위해서 3부는 생략하시길….

차례

1장
풀꽃 편지

새벽 4시 15
혼자 밥 먹기 17
80년도 5인방 21
돌아온 탕자 28
풀꽃 편지 31
지갑 33
자리 운 37
첫눈 조심 40
12월 31일, 〈바하〉 42
부채감 46
표피적인 것과 본질적인 것 48
밀밭 사이로 51
레인보우 명예회원 54
고전음악 감상 동아리 57
남극 세종기지 63
우리 마음에 비하면… 66
연변 말씨 70
동갑내기 목사 친구 73
휴게소의 개구멍 76

2장
무에 그리 슬프랴

지하도 계단에서 81
한의사처럼 생긴 청년 한의사 84
석유가게 사장님 89
고무장갑 할인 판매 94
김동기 선생님 97
해마다 5월이 되면 102
희경, 성란, 경숙 106
또 다른 휴가 보고서 108
우산처럼 양산처럼 114
크리스마스 카드에 관한 기억 117
직업은? 122
노조간부의 야간근로 124
오토바이 청년 127

3장
누워서 깨닫다

아빠, 삐치지나 마셔 133
결혼행진곡 139
모처럼 세속적으로 일요일다웠던 142
어머니의 교통사고 145
야구 잠바 147
한심한 놈들 다 나와라! 149
진돗개 151
딥 퍼플을 만나다 155
지운이의 운동회 160
산타클로스 할아버지의 편지 162
처제에 관한 추억 164
아버님과 TV 167
아마추어 무선사의 크리스마스 169
누워서 깨닫다 172
추석 소묘 174
자동차에 관한 내력 176

4장
철들지 않는다는 것

철들지 않는다는 것 183
서로 빚진 사이 188
〈한겨레〉 객원논설위원 192
5월, 광주 사람을 한 번만이라도
만나보십시오 197
후배에게 해 줄 말 205
자서전을 맡다 207
정신병원에서 209
한탄강 서정 214
안테나와 벌이는 끊임없는 전쟁 224
지연아~ 226
살다 보니, 노동부에서 235
마치 연애하는 사람들처럼 238

많은 사람들이 올라섰다가 내려선 길에 아직도 서 있는 사람들이 있습니다. 저 역시 일찍이 그 길에서 내려섰으나 제가 만나는 사람들은 대부분 아직도 그 길 위에 있는 사람들이고, 그 만남 속에서 저는 거의 매번 감당할 수 없는 소중한 느낌을 받습니다. 그렇게 길 위에서 열심히 일하는 사람들에게 물 한 잔 떠다 주는 일이라도 성의껏 하며 살자는 것, 그래서 최소한 '길을 막는 사람'이 되지는 말자는 것, 그것이 길가에라도 남아 있기 위한 저의 다짐입니다.

1장　　　　　　　　　　　풀꽃편지

새벽 4시

　새벽 4시에 집을 나섰다. 다른 날보다 몇 시간 일찍 일어났을 뿐인데, 눈에 보이는 세상은 이미 여느 날이 아니다. 게다가 비까지 내리니 캄캄한 고속도로는 전조등을 켜도 어둡다. 한 교통 전문가는 비 오는 날 도로가 어둡게 보이는 현상을 설명하면서 "도로의 물이 빛을 먹는다."고 표현하기도 했다.
　아직 먼동이 트기 전, 비에 흠뻑 젖은 고속도로는 마치 검고 긴 바다처럼 보였다. 서서히 드러나기 시작하는 산등성이는 누워 있는 여인의 곡선처럼 아름다웠다. 라디오 음악 프로그램에서 손현숙이 부르는 김민기의 '친구'가 흘러나왔다. 진행자는 손현숙을 '가슴으로 노래하는 가수'라고 소개했다.
　"검푸른 바닷가에 비가 내리면 어디가 하늘이고 어디가 물이요."
　눈앞에 보이는 고속도로와 산등성이가 만들어 내는 풍경과 딱 맞아떨어지는 노래 가사라는 생각을 하며 들었다.

청계천 헌책방을 하루 종일 샅샅이 뒤지면 어렵사리 김민기의 LP 음반을 살 수 있는 시대가 있었다. 80년에 내가 수배됐을 무렵, 후배들이 그 음반을 가까스로 구해 한 자취방에 모여서 들었다고 했다. 지금 생각하면 너무 싱겁고 유치한 그런 '이벤트'도 창문을 꼭꼭 닫고 숨을 죽인 채 해야 했던 숨 막히는 시대였다. 사건이 모두 끝나고 몇 개월 뒤에 만났을 때, 한 후배가 말했다.

"그때 우리들이 그 음반 자켓에 있는 김민기 사진을 보면서 그랬어요. 김민기씨 얼굴이 코 밑으로는 하종강 선배를 꼭 빼 닮았다고… 그 사진 보면서, 수배 전단에 있는 선배 얼굴 사진이 생각나 모두들 가슴이 찡했어요."

손현숙의 노래가 끝난 뒤에 진행자는 애청자의 사연을 하나 소개했다. 며칠 전 그 방송에서 이지상의 '사이판에 가면'을 들으며 "비록 청취자가 별로 없는 새벽 시간이지만 공중파 방송에서 이런 노래를 듣게 되었구나 싶어 감격했다."는 사연을 소개하고 나서 이번에는 손병휘의 '나란히 가지 않아도'를 틀었다. 공중파 방송에서 이런 노래를 듣게 되기까지 얼마나 많은 사람들이 이름 없이 스러져 갔을까?

검푸른 바다처럼 보이는 비 내리는 고속도로에서 김민기, 이지상, 손병휘의 노래와 함께 '진보'를 생각하며 달렸다.

혼자 밥 먹기

　이맘 때 지리산을 다녀왔다고 하면 '단풍 구경은 잘 했겠다' 라고 질투하는 사람이 있을지도 모르지만, 구례 화엄사에 들어간 시간이 저녁 8시였고 잠깐 눈 붙였다가 새벽 동 트기 전에 나왔으니 단풍의 '단' 자도 구경하지 못했다.

　저녁은 밤 12시가 다 되어서야 먹었다. 혼자 찾아 들어간 식당에서 무심코 된장찌개 백반을 시켰는데 나온 반찬이 모두 11가지나 되었고 모두 내 입맛에 잘 맞았다. 다 먹고 식당 아주머니에게 "5천 원만 내기가 송구스러울 정도"라고 했더니 "이 동네가 워낙 푸짐한 반찬으로 유명한 곳이어서 어쩔 수가 없네요."라고 말씀하신다.

　"이런 식당 하나 하시면 아이들 공부시키고 시집 장가 보내는 걱정은 안 하셔도 되겠어요."라는 내 너스레에 이미 손자를 보셨을 법한 식당 아줌마는 그냥 "네"라고만 얌전하게 답했다.

하루에 두 끼를 혼자 먹는 날이 많다. 요즘은 아무리 깊은 산 속이라도 전원식당이 들어앉아 있어서 배가 아주 많이 고플 때는 가끔 들리는데, 그런 곳에 가면 1인용 식단이 아예 없다. 비싼 2인용 음식을 겨우 조금 깎아서 1인용으로 만들어 달라고 하면 대개는 해 준다. 그래도 혼자 먹기는 매우 비싼 값이다. 말 걸기 좋아하는 주인은 으레 이런 인사를 한다.

"혼자 다니시나 보지요?"

그도 그럴 것이, 내가 일하러 다니는 곳이 관광지일 때가 많은데 그런 관광지에 놀러 오면서 혼자 오는 사람이 거의 없기 때문이다. 당연히 혼자 밥 먹는 손님은 나 하나밖에 없을 때가 많다. 나는 이렇게 답하곤 한다.

"놀러 온 게 아니고 일하러 온 거라서요. 남들 노는 곳에서 일하는 게 제 직업이거든요."

며칠 전에도 넓은 회사 구내 식당에서 혼자 밥을 먹었다. 배식 시간이 막 지난 뒤였지만, 강사라고 특별히 밥을 하나 차려주었다. 일하는 사람들도 모두 들어가 버려서 "빈 그릇 반납하는 곳 어디에요?"라고 큰 소리로 몇 번 외쳤더니 누가 나와서 가르쳐 주고 들어갔다. '혼자 밥 먹기'는 그래도 할 만한 일에 속한다. 고속도로에서 '혼자 오래 운전하기'는 정말 고역이다. 몸의 피곤함보다 때로 마음의 허전함이 힘겹다.

다시 지리산 얘기. 저녁을 먹고 다시 올라왔다가 잠깐 눈을 붙이고 새벽에 숙소를 나서는데, 얼굴에 발그레하게 술기가 오른 문화부장이 복도에 털썩 앉아 있다가 "소장님이 곧 나오실 것 같아서 기다렸다"면서 일어선다. 토론 끝에 이어진 뒤풀이가 그때에서야 끝난 모양이다. 밤새 임금인상투쟁의 의지를 다지는 조합원들 열기가 지리산을 완전히 덮어버렸다.

어두운 주차장에서는 조합 간부 여럿이 옹기종기 서서 나를 배웅하겠다고 기다리고 있었다.

"이곳 도로 제한속도가 시속 60킬로미터예요. 저는 시속 77킬로미터에서도 찍혀 봤어요. 조심하세요."라고 말해 준 위원장님이 고맙다.

안개가 짙게 끼어 있었는데 중부권에 올라올 때까지 전혀 걷히지 않았다. 고속도로에서 차들이 거의 엉금엉금 기어 다녔다. 우리 나라 온 땅이 마치 두터운 솜이불을 덮고 있는 형국이었다.

계룡산 갑사 입구에 도착했을 무렵 비가 왔다. 일행이 아직 도착하지 않아서 차 안에 혼자 한 시간 넘게 기다렸다. 숲 옆 주차장에 차를 세우고 차 안에서 누워 있다가, 앉아 있다가, 옆으로도 누워 있다가,

뒷좌석으로 왔다가 갔다가 했다. 마치 주인이 두고 가는 바람에 차 안에 갇혀 버린 한 마리 강아지처럼….

 편하게 누워서 차 지붕에 떨어지는 빗방울 소리를 들으며 비 내리는 하늘 바라보기. 오랜만에 가져 본 과분하게 한가로운 시간이다. 늦게 도착한 의사 선생님들과 학생들이 오히려 고맙다. 부디 훌륭한 의사 선생님들이 되셔서 지금 그 아름다운 생각들을 죽을 때까지 지니고 살았으면.

80년도 5인방

일본에서 어렵게 공부를 마친 친구가 오랜만에 찾아왔다. 그 친구의 별명은 '만두'인데, 그 내력은 다음과 같다.

대학원생이었던 그는 학장의 조교 일을 했다. 학장은 연구실을 비워 두고 학장실에 주로 머물렀으니, 그 연구실은 당연히 우리 '5인방'의 아지트가 되었다. 어느 저녁, 그 연구실에 5인방이 모였는데 그 친구가 관변학자의 대표주자격이었던 학장 흉을 보기 시작했다.

"박○○ 그 친구가 말이야. 학문적 성과도 보잘 것 없을 뿐만 아니라, 학자적 양심조차 결여되어 있어요."

마치 친구처럼 이름을 마구 불러가며 하대를 했다. 그때였다. 연구실 문이 벌컥 열리면서 문제의 그 '학장님'이 들어섰다. 모두들 놀랐지만 가장 당황한 사람은 물론 그 친구였다. 학장님이 그 친구에게 물었다.

"김○○ 박사한테 전화 온 것 없었나? 전화를 하기로 했었는데 말이야."

그 친구가 공손하게 답했다.

"예. 없었습니다. 제가 지금 김 박사님께 전화 걸어 올려 드릴까요?"

말씨만 공손했던 것이 아니라 두 손바닥을 아랫배쯤에서 마주 잡고 쩔쩔 매는 폼이 조금 전의 당당하던 기세와는 너무나 차이가 나서 우리는 모두 웃음을 참느라고 애썼다. 연구실을 나가는 학장의 뒤에 대고 그 친구가 말을 보탰다.

"아, 이제 나가십니까? 그럼, 안녕히 들어가십시오."

학장이 나가자마자 우리는 박장대소했다. 나는 그 친구의 뒤통수를 손바닥으로 때리며 말했다.

"야, 임마. '전화 걸어 올려 드릴까요?' 는 또 뭐냐? 난 그런 어법은 생전 첨 들었다. 전화 걸어 올려 드릴까요? 좋아하네."

내가 똑같이 흉내 내는 걸 듣고 다른 친구들은 거의 뒤로 넘어졌다. 그날부터 그 친구의 별명은 '만두' 가 되었다. 양 손바닥을 마주 잡고 비벼대는 폼이 만두 빚는 모습과 흡사하다고 붙여진 별명이었다. 그러고 보니 갸름한 그의 얼굴 역시 잘 빚어진 만두처럼 생기기는 했다.

'5인방' 이란 80년도 '민주화의 봄' 에 복학생 대표, 학원민주화추진

위원장(이게 바로 나다), 학보사 편집장, 대학원생 대표(이게 바로 그 친구다), 총학생회장 이렇게 다섯 명이 만들었던 모임을 가리키는 말이다. 다 지난 이야기지만, 그 해 3월부터 5월에 이르기까지 우리는 특별한 일이 없는 한 매일 밤 만나서 다음날의 '거사'를 준비하곤 했다.

80년 5월 15일 이른바 '남대문전투'를 마치고 내려와서는 마지막으로 모여서 "이제 상황은 갈 데까지 갔다. 위대한 승리이거나 처절한 패배, 둘 중의 하나다. 2~3일 안에 결판이 날 테니 잠시 모임을 중지하고 개별적으로 행동하자."고 결정하고 '한국근대사'의 첫 글자를 따서 '한희' '국희' '근희' '대희' '사희'라고 나이 순서대로 가명을 하나씩 지어 갖기도 했다. 내 이름은 '국희'였다. 목줄이 뻣뻣해지도록 긴장감이 느껴지는 그 상황에서도 우리는 이름이 너무 이쁘다고 웃었다.

바로 그 다음날이 5·17이었으니 우리의 정세 분석은 나름대로 맞아떨어진 셈이다. 우리는 수배 중에도 가명을 사용하며 가끔 만나곤 했다. 두 달 반 뒤에는 몽땅 잡혔지만….

그 '맏두'의 어머니가 갑자기 돌아가셔서 잠시 들어왔노라고 했다. 착해 빠진 친구는 보름 상망(喪亡)까지 다 지난 다음에야 우리에게 연락을 한 것이었다. 평소 연락을 안 하고 살다가 그런 일로 새삼 연락하기가 미안해서 그랬다고 했다. 다른 친구(복학생 대표를 맡았던 이 친구의 별명은 '큰입'이다.)와 내가 "너 그러면 못 쓴다."고 야단을 좀 심하게 쳤다.

'만두'는 처음에는 좋은 이야기만 했다. 일본 어느 대학의 조교수 자리를 받은 지 1년이 되었고, 학생 수가 6천 명쯤 되는 아담하고 아름다운 자기 대학을 사랑하고 있노라고, 연봉이 1천만 엔쯤 되어서 먹고 살기에는 걱정이 없노라고.

자신의 학위 논문을 내게 한 권 주었는데, 들추어 보니 얼핏 '맑스 경영학'이라는 표현이 눈에 띄었다. 내가 말했다.

"야, 인마. '맑스'를 아무데나 갖다 붙이냐? 맑스 경제학이면 몰라도 맑스 경영학이라니 이거 말이 되는 표현이냐?"

'만두'는 정색을 하고 말했다.

"맑스 경영학에 비하면, 맑스 경제학은 오히려 지금 약세야. 일본 기업 경영의 유연화를 극복하는 길은…."

그 다음의 복잡하고 전문적인 내용들은 내가 무식해서 다 잊었다.

'만두'는 절반쯤은 일본 사람이 다 되어 있었다. 차에 올라타면서 다리를 굽히고 양 바지 자락을 살짝 들어 올리는 폼이 영락없는 일본 사람이었다. 영어 발음을 일본식으로 하는 바람에 '큰입'과 나는 배꼽이 빠질 정도로 웃었다. 영국의 '대처' 수상을 계속 '싸차' 수상이라고 말해서 한참 만에야 알아들었다.

3차는 새벽 두 시에 '큰입'의 집으로 쳐들어갔다. '큰입'의 안해는 새벽 두 시에 친구들을 데리고 들어오는 남편에게 싫은 소리 한 마디 안 하고 같이 즐겁게 어울려 주었다. 아마 평소부터 나를 꽤 좋아하기 때문이었을 것이다. 후후, 나는 '큰입'에게 "자네 정말 장가 잘 갔다."고 말했다.

'만두'는 술이 좀 취하더니 그때에서야 속 깊은 얘기를 꺼내기 시작했는데, 고생을 무척 많이 했다고 했다. 눈물 맺힌 눈으로 "나 그동안 참 필사적으로 살았어. 정말 치열하게 살았어. 아주 필사적으로 살았다구."라고 말했다. 새벽녘에 잠들 때까지 그 말을 열 번쯤은 했다. 그랬을 것이다. 일본 학자의 논문 한 편만 달랑 읽고 감명 받아서 아무런 대책도 없이 훌쩍 일본으로 떠나, 그 노학자 밑에서 7년 만에 학위 받고 8년 만에 교수 자리를 얻었으니 그동안의 고생은 안 봐도 알만 했다. 결국 그 교수가 있는 대학에 자리를 잡은 것이니까 지금은 행복해할 만도 하다.

'큰입'과 내가 농담처럼 다그쳐 물었다.

"부부 사이는 행복한 거야? 현해탄 건너서 오는 소식이 다 있어서 묻는 거야. 우리 레이다에 다 잡혔다구. 솔직히 말해 봐."

'만두'는 "레이다에 잡혔어? 나도 잡혔을 거라고 짐작은 했어."라고 웃으면서 말했다. 그러면서 지금은 행복하다고 했다. 정확하게는

"행복을 만들어간다."고 했다.

바쁘게 사느라고 아직 운전면허를 못 땄다는 그의 말이 가슴에 남았다. 자전거를 타고 다닌다고 했다. '자전거 교수'라고 학생들이 좋아한다고 했다. 자전거를 타고 가다가 넘어지면서 아스팔트 도로에 입이 부딪치는 바람에 앞니가 몇 개 빠졌다고 했다. "웬 일로 금니를 다 했느냐?"고 물어 봐서 알게 된 것이다.

3차까지 가는 동안 술은 한 방울도 마시지 않았지만, 술값은 내가 냈다. 전혀 아깝지 않은 돈이었다. 그날 1차 술자리였던 보쌈 집에서 선배를 하나 만났다. 예전에는 민중당 일도 했었지만, 집권당 후보가 시장 후보로 출마했을 때 공을 세우고, 지금은 그 보답으로 무슨무슨 '공사'의 총무이사 일을 하고 있는 선배였다. 일 년에 수천억 원의 예산을 집행하고 각종 이권을 결정하는 재계의 유지가 된 사람이었다. 그동안 고생을 많이 했으니 나로서는 그의 출세에 대해 지금 새삼스럽게 뭐라 말하고 싶지는 않다. 선배는 우리 술값을 자기가 계산하겠다고 했으나 '큰입'이 단호히 거절했다.

"형님, 내가 간절히 부탁하는데, 술값은 우리가 내도록 해 주시오."

그 선배가 간 다음에 '큰입'은 고개를 숙이고 혼잣말처럼 말했다.

"운동한다고 껍적거리다가 권력의 바짓가랑이 사이로 기어 들어간 사람한테 술 얻어먹어야 할 만큼… 그렇게 우리가 비참해지지는 않았다구."

'큰입'은 어느 유명한 노동자 시인의 아내가 회의할 때 양담배를 피웠다고 분개하기도 했다. 더불어 "사○맹은 한 번쯤 반성하지 않으면 안 된다. 아직도 계속 자기들이 잘났다는 것인데, 반성하지 않으면 받아들일 수 없다."고 했다. 나는 그의 말에 전적으로 동의하지는 않지만 그의 생각은 존중한다.

그는 또한 내가 '버드와이저' 맥주를 주문한 것을 "이해할 수 없다."고 규탄했다. 나는 기어 들어가는 목소리로 어쭙잖게 말했다.

"이것도… 오비맥주에서 만드는 거야."

'큰입'은 자기가 나중에 권력의 핵심을 장악하면 날더러 국립대학의 석좌교수를 맡아 달라고 했다. 그놈은 그렇게는 못해도 그 흉내는 낼 놈이다.

돌아온 탕자

어릴 때부터 가족과 함께 교회에 다녔다. 교회의 중등부 회장을 지내기도 했고, 대학에 가서는 기독학생회에서 활동하기도 했다. 나에게 보수적 신앙의 뿌리가 있다는 뜻이다.

7년씩이나 대학생의 신분이었으면서도 졸업에는 별로 뜻이 없었던 80년 9월, 어느 기독교 선교단체로부터 자원봉사 부탁을 받았다. 노동자들이 일주일에 한 번씩 모여서 성서연구를 하는데, 날더러 그 내용을 빠짐없이 녹음하고 기록해 달라는 것이다. 기쁘게 하겠다고 했다.

모임의 첫날, 누가복음에 나오는 '탕자의 비유'를 공부했다. 모임의 정식 구성원이 아니라 어디까지나 '서기'에 불과했던 나는 한 마디도 끼어들지 못한 채 열심히 적기만 했다.

성경 구절을 읽고 목사님의 설명을 들은 뒤 각자 느낌을 자유롭게 이야기하거나 토론을 하는 식으로 진행되었다. 그날 토론 중에 "영화든 소설이든 어느 이야기에나 클라이맥스가 있다. 탕자의 비유에서는 어느 대목을 클라이맥스라고 할 수 있을까?" 하는 말이 나왔다.

나는 그 질문의 대답을 잘 알고 있다고 생각했다. 어릴 때부터 목사님의 설교에서 수십 번도 더 들었으니까. 허랑방탕한 생활로 재산을 모두 탕진하고 돌아오는 아들을 먼발치에서부터 맨발로 달려 나가 환영하는 아버지, 그 아버지처럼 우리의 모든 죄를 용서하시고 품어주시는 하나님의 크고도 넓은 사랑, 잃은 것을 다시 찾았을 때의 기쁨. 더 이상의 정답은 있을 수 없었다.

고아원에서 자랐다는 나이 어린 여성 노동자가 자기의 순서가 됐을 때 말했다.

"재산을 모두 탕진한 아들이 돼지먹이로나 쓰이는 쥐엄나무 열매를 먹으려 하다가 '아, 이제 아버지가 계신 집으로 돌아가야겠다'고 깨닫는 장면, 저는 이 대목이 절정이라고 생각합니다. 굶주려 본 사람만이 발길을 진리로 향합니다. 그것이 정신적인 것이든 물질적인 것이든… 고통을 당해 본 사람만이 발길을 진리로 돌리게 되는 것이거든요."

아, 그 소녀의 말은 커다란 망치가 되어 내 머리를 때렸다. 별 고생 없이 자란 소년의 20년에 걸친 신앙이 처음으로 크게 흔들렸다. 세상에는 이런 사람들이 있구나, 똑같은 성경 구절을 그렇게 이해하는 사람들이 내 바로 옆 가까운 곳에서 살아가고 있었구나, 눈물에 젖은 빵을 먹어 본 사람만이 그 고통을 아는 것일진대, 나는 그동안 세상의 절반만 알고 나머지 절반을 까맣게 모른 채 살아왔구나. 그런 생각이 떠나지 않았다.

그날 그 소녀의 말은 이를테면, 내 신앙의 분기점이 되었다. 그날부터 나의 신앙은 내가 미처 모르고 있던 '세상의 나머지 절반'으로 걸어 들어가는 노정이었다고 해도 틀린 말은 아니다.

풀꽃 편지

해묵은 편지를 정리했다. 누렇게 바랜 편지 묶음 속에서 꽤 두툼한 편지가 하나 나왔다.

"헤프게 지껄일 것을 염려하여, 다시 지울 수 있는 연필로 적습니다."라고 시작된 편지는 "저녁, 어둠 속에서 나는 마녀처럼 웃고 있을 것입니다."라는 비장한 문장으로 끝을 맺고 있었다. 서울에서 온갖 세파에 시달리다가 시골에 내려가 또 다시 가족들과 부대끼느라고 힘든 상황을, 평소 상당한 '필력'이라고 인정받고 있는 후배는 그렇게 훌륭하게 표현하고 있었다.

편지의 첫 장에는 이름 모를 풀꽃 하나가 붙어 있다. '이런 편지를 받은 적도 있었나.' 날짜를 보니 세월이 5년이나 지난 편지였다. 어렵사리 전화번호를 알아내어 정말 오랜만에 후배에게 전화를 했다. "풀꽃 한 송이를 붙여서 보낸 편지가 있더라."는 내 말에 후배는 말했다.

"그렇게 유치한 짓을 내가 했을 리가 없어요."

후배는 끝내 자기가 아니라고 박박 우겼다.

 광주 고속버스 터미널에 들리면 가끔 이 후배 생각이 난다. 광주에 내려갈 일이 있었지만 후배를 만날 시간이 없어 고속버스 터미널에서 잠깐 만나기로 한 적이 있었다. 고속버스 터미널 대합실에 들어서니 널찍한 대합실 저쪽 끝에 후배가 보였다. 후배는 표를 사는 창구 앞으로 갔다가 다시 돌아 나오더니 가방을 뒤지며 혼자 마구 웃고 있는 것이다. 키가 훌쩍 큰 여자가 널따란 대합실에서 혼자 서서 마구 웃고 있으니 좀 이상해 보였다. 내가 다가가서 물었다.
 "왜 혼자 웃고 있는 거야?"
 "올라가는 버스표를 끊어 드리려고 했는데, 그 돈이 안 되는 거예요. 다 큰 여자가 서울서 내려온 선배 버스표 한 장 사 줄 돈도 없다는 게 너무 우스워서, 혼자 웃었어요."
 광주 고속버스 터미널에 들릴 때마다 두고두고, 환갑이 넘은 할아버지가 되어서도 그 후배가 생각날지 모른다. 참 이상하다. 표를 사 준 사람보다 표를 사 주지 못한 사람이 더 오래 기억에 남으니….

지갑

최근에 비슷한 전화를 두 번 받았다. 지갑을 주웠는데 내 명함이 들어 있어 연락했다는.

한 번은 고려대학교 다니는 여학생 지갑이었는데 그 학생 연락처는 없고 도서관 출입증과 내 명함만 한 장 들어있다고 했다. 분명하게 기억나는 이름은 아니었지만 민주노동당 학생위원회나 학생회 활동을 하는 학생일 것 같아서 그쪽을 통해서 연락을 했더니 "그런 이름을 가진 학생이 있다."고 했다.

추석 연휴 기간에는 서울지하철공사에서 지갑을 주웠다고 전화가 왔는데 바로 우리 연구소 연구실장의 지갑이었다. 공인노무사증만 있고 연락처는 없어서 나에게 전화를 한 거라고 했다.

연구실장에게 전화를 했더니 "방금 잃어버렸다."고 깔깔 웃으면서 좋아했다.

진주에서 밤 11시에 출발하는 심야우등고속버스를 탔다. 운전기사 아저씨가 비 내리는 고속도로에서 얼마나 속력을 냈는지 중간에 휴게소에서 한 번 쉬었는데도 3시간 반 만인 새벽 2시 반에 서울 강남 고속버스 터미널에 도착했다.

택시를 타고 내 차가 있는 김포공항 주차장까지 갔다. 택시비가 엄청 많이 나왔다. 그때가 새벽 3시 조금 못 된 시간이었다. 주차장에 있는 내 차에 타고 나서 주차 요금을 준비하려고 보니까 지갑이 없다. 주머니마다 다 뒤지고 가방도 몇 번이나 샅샅이 뒤졌는데 역시 없다. 택시 내린 곳에서 주차장까지 걸어왔던 길을 꼼꼼히 살펴보았지만 역시 지갑은 보이지 않았다. 비를 맞으며 그 길을 몇 번이나 왔다 갔다 했다.

가만히 생각해 보니까 택시비 지불하고 지갑을 다시 주머니에 넣은 기억이 없다. 고속버스에서 미처 마시지 못한 음료수 병을 하나 들고 내렸는데, 택시에서 내리면서 그거 챙긴다고 지갑에는 신경을 못 썼던 거다. 이런 멍청한 인간 같으니라구. 캄캄하고 황량한 김포공항에 사람은 나 혼자밖에 없지, 비는 내리지, 정말 황당했다.

114 안내에 전화해서 교통방송 전화번호를 물어보고, 교통방송에서 "유실물센터에 먼저 접수하는 것이 순서"라고 해서 유실물센터에 전화하고, 유실물센터에서는 "김포공항 유실물센터도 있는데 왜 여기 전화했냐?"고 하다가 "강남 고속버스 터미널에서 택시를 탔다."고 하

니까 접수 받아 주고, "방송에 내보내려면 어떻게 하느냐?"고 물으니 "방송 의뢰는 하겠지만 방송에 나오고 말고는 방송국에서 판단하는 일"이라는 답을 들었다. 안해에게 전화해서 신용카드 분실신고 해달라고 부탁하고… 정신 없었다.

혹시 택시기사가 지갑을 발견하고 김포공항까지 다시 오지는 않을까 싶어, 택시 내린 곳에 한참 서 있기도 했다. 그러나 그 새벽 시간에 공항까지 들어오는 차는 한 대도 없었다. 공항 주차장 야간 당직자에게 전화해서 주차료 지불하고 새벽길을 달려 집으로 돌아오면서 여러 가지 생각을 했다.

신용카드를 십여 개씩이나 갖고 다니다가 잃어버린 사람에 비하면 그래도 얼마나 다행이냐, 지갑을 잃어버린 것은 생전 처음 겪는 일이니 연중행사처럼 지갑을 잃어버리기도 한다는 사람들에 비하면 그것도 다행이지, 강의 일정과 연락처가 빽빽이 적혀 있는 수첩을 잃어버린 것보다는 백번 낫다, 운전면허증이 너무 낡아서 이름이 잘 보이지 않는다고 검문하는 경찰이 짜증을 낼 정도였는데 이 참에 재발급하면 되지 뭐. 그렇게 위로하면서 집에까지 왔다.

집에 오면서 교통방송을 들었는데, 예쁜 아나운서 목소리로 방송에 나왔다. "잃어버린 지갑을 찾습니다. 새벽 세 시경 강남고속버스터미널에서 김포공항까지 가신 손님이 택시에 지갑을 두고 내렸다는군요."

나이 먹도록 한참 동안 지갑이 없이 살았다. 신용카드 사용한 지도 얼마 안 됐다. 집에서 나갈 때마다 운전면허증 한 장과 돈 몇 장만 주머니에 넣어 다니곤 했다. 그래서 예전에 한 쪽 면이 종이 재질이었던 운전면허증이 땀에 젖어 글씨가 번지기도 했다. 이제 다시 그렇게 지갑 없이 검소하게 살라는 하나님 뜻인지도 모르겠다. 진주의 노동자들이 하룻밤 묵고 가라고 했지만 마다하고 굳이 그 밤에 올라온 벌을 받은 것인지도 모르겠다.

새벽 시간에 전화를 받아준 교통방송 직원(아마 계약직 노동자일 것이다.), 유실물센터에서 신고를 받고 방송 의뢰를 해 준 공무원, 자다가 깨서 신용카드 분실신고를 일일이 해 준 내 안해, 분실신고 전화를 받아 준 카드회사 직원들, 주차장에서 요금을 계산해 준 야간당직 주차관리원(연세가 많이 드신 이 할아버지 역시 비정규직 용역노동자일 것이다.), 교통방송에서 방송을 해 준 아나운서(야간근무 전담 계약직 아나운서일 가능성이 많다.). 나 한 사람 때문에 여러 사람이 이른 새벽에 수고를 했는데, 그 지갑이 과연 나에게 돌아올까?

생각해보니 내 지갑에도 내 연락처는 없다.

자리 운

　기차를 타고 밀양에 다녀왔다. 나는 '자리 운'이 옛날부터 별로 없는 편이다. 인상 좋은 아리따운 아가씨가 옆자리에 앉는다든가 하는 일은 결단코 생기지 않는다.
　한번은 부산에서 올라오는 열차에서 나이 많은 할아버지가 내 옆자리에 타셨다. 가끔 "지금 몇 시야?"라고 물으시는데, 이 분이 가는귀가 먹어서 내 말을 잘 못 알아들으시는 거다. 자꾸만 "뭐라구? 뭐라구?" 하고 몇 번이고 되물었다. 그러면 나는 또 큰 소리로 악을 쓰듯 대답을 해야 하고, 고생하면서도 웃음이 나왔다.
　이번에도 '크억' 하고 가래를 돋워내어 '각' 하고 바닥에 뱉어대는 그런 사람만 걸리지 말아라 하고 바랐다. 그럼, 이번에 내 옆자리에 앉았던 사람은 어떤 사람이었을까?
　사내아이 둘 딸린 젊은 부부가 내 옆자리 하나를 겨우 얻었던 모양이다. 한 사람만 좌석표이고 세 사람은 입석표를 샀는지 네 사람이 옆

자리에 계속 교대로 앉았다. 내 자리가 복도 쪽이었는데 서너 살 돼 보이는 사내 아이 두 녀석이 계속 나를 건드리거나 밀치면서 들락날락거렸다. 자리를 서로 바꾸자고 했지만 애들 엄마가 "아이들이 창 옆자리를 좋아해서요."라고 하며 바꾸지 않았다.

  엄마가 작은 사내 아이를 무릎에 앉히고 내 옆자리에 앉은 적도 있었는데, 알파벳을 가르친다고 계속 영어로 노래를 불러준다. "에이! 에이! 에이! 에이! 에이프릴!" 뭐 이런 식이다. 목에서만 나오는 간드러지는 여자 음성. 의자 등받이를 뒤로 눕히고 잠 좀 자려고 했었는데, 거의 환장할 지경이었다.

  나중에는 엄마가 아이를 슬그머니 자기와 나 사이에 내려놓았다. 졸지에 우리 좌석은 '3인용'이 된 거다. 그냥 솔직히 "아이를 옆에 좀 앉혀도 될까요?"라고 물어보면 내가 그러자고 했을 텐데, 아이를 살며시 옆에 내려놓고는 내 쪽으로 조금씩 미는 거다. 아이구….

  교양이 넘쳐 보이는 그 젊은 엄마는 자기 아이에게 영어 많이 가르쳐서 나중에 특권층으로 행복하게 살게 하고 싶은 마음 외에는 아무 다른 생각도 없어 보였다. 가끔 그렇게 '성공하겠다는 집념으로 가득 찬 성실함'을 마주 대하면 숨이 막힌다. 지하철에서 영어 공부 열심히 하면서 노약자에게 자리 양보 절대로 하지 않는 사람들의 표정에서도 자주 읽을 수 있다.

이번주에도 수요일에는 부산, 목요일에는 용인, 금요일에는 대구, 토요일에는 김해에 일정이 있는데, 이번에는 어떤 교통편을 이용하나….

첫눈 조심

순천, 울산, 전주를 두루 다녀왔다. 요즘 고속도로 입구마다 '첫눈 조심' 이라는 주의사항이 큰 글씨로 세워져 있었다. 나는 바보스럽게도 잠시 '저게 무슨 뜻일까?' 생각했다.

아주 잠깐 동안이었지만 '첫눈의 감상에 빠지지 말라는 뜻이렷다.' 그런 생각을 했다. 고속도로를 달리다가 첫눈이 내리면 잊었던 옛사랑을 생각하느라 교통사고를 낼지도 모르니 조심하라는 뜻인가? 그런 생각을 했다. 물론, 한국도로공사에서 내 건 '첫눈 조심' 이라는 간판은 길이 미끄러울 테니 조심하라는 얘기다. 그래도 '첫눈 조심' 은 참 낭만적인 간판이 아닐 수 없다.

전주 가는 길은 잔뜩 흐린 날씨여서 검은 구름이 낮게 내려 앉아 있었다. 그러다가 멀리 앞 쪽 하늘에서 구름이 조금 열리는가 싶더니 짙은 구름 사이로 나온 햇살이 부챗살처럼 넓게 퍼지며 땅으로 내려 꽂

혔다. 성탄절에 동방박사를 인도했다는 커다란 별이 내뿜는 빛이 저러했겠구나 싶었다. 전주까지 가는 동안 빗살무늬로 땅에 내려 꽂히는 햇살이 고속도로에서 한참 동안이나 나를 인도했다.

새벽녘에 서울에 도착해 고속도로를 벗어나니 아스팔트 길바닥에 큰 글씨로 '사랑'이라고 써 있는 것이다. '아니, 이건 또 뭐야? 서울이라는 도시가 언제부터 이렇게 낭만적이었지?' 싶었다. 자세히 보니 그것은 '사랑'이 아니라 '사당'이라는 이정표였다. '사당'이라는 글씨를 굳이 '사랑'이라고 읽으며 길을 달렸다.

추운 겨울, 혼자 길을 다니며 스스로 따뜻해지는 방법들이다.

12월 31일, 〈바하〉

아침 출근길 라디오 방송부터 온통 '가는 해'를 보내는 분위기로 가득 찬 12월 31일, 한 해를 마무리하는 차 한잔을 함께 나누자고 좋은 친구가 찾아오기로 했다. 약속 시간에 맞추어 커피 전문점 '바하'의 문을 열고 들어가니 그는 벌써 와서 구석에 자리를 잡고 앉아 있다.

애기가 길어지니 도중에 '메릴 스트립'을 빼닮은 그 커피 전문점의 사장님이 와서 "커피가 부족하지 않냐?"면서 빈 잔을 가득 채워주고 갔다. 내 딴에는 덕담을 한다고 너스레를 떨었다.

"올해 일 년 동안 이 친구와 제가 얻은 좋은 일 중의 하나가 바로 '바하'를 알게 되었다는 것이라고, 방금 애기하고 있었습니다."

사장님이 웃으며 말했다.

"올해가 아니에요. 손님이 여기에 처음 오시기 시작한 건 작년 11월 부터였어요."

"그랬어요?"

"어떤 손님은 여기에 다섯 번씩이나 왔었는데도 기억해 주지 않는다고 불평을 하시던데 손님이 여기에 처음 오셨던 날은 제가 아주 정확하게 기억하고 있어요. 개업한 지 며칠 안 되었던 작년 11월 어느 날, 밤 10시쯤에 문 닫고 들어가려고 가게를 막 정리하고 있는데 들어오셨어요."

"그래도 '이 가게가 우리 가게다' 라는 생각을 하게 된 것은 올해부터니까, 하하…"

"여기에서 일했던 아르바이트 학생들도 모두 '배취 아저씨' 가 한동안 안 오시면 궁금하다고 그래요."

그 가게에서 내가 '배취 아저씨' 로 불리는 내력은 또 이렇다. 어느 일요일, 우리 가족들이 교회에 다녀오는 길에 모두 '바하' 에 들렸을 때, 초등학교 3학년인 딸아이가 'Bach' 를 '배취' 라고 읽었다.

"배취가 뭐야? 가게 이름이 뭐 이래?"

그 말을 듣고 모두들 배꼽이 빠지게 웃었고, 그날 뒤로 나는 그 가게에서 '배취 아저씨' 가 되었다.

친구와 헤어질 시간이 되어, 카운터 앞에 가서 지갑을 열었을 때 사장님은 두 손을 휘휘 저으면서 마다했다.

"그냥 가셔요. 오늘은 돈 안 받으려고 처음부터 계산서를 안 끊었어요."

"그래도 그렇지. 올해 마지막 커피인데…"

"아니라니까요. 보셔요. 여기 계산서도 없잖아요."

사장님은 연신 얼굴에 웃음을 가득 품은 채, 아예 카운터 뒤로 멀찌감치 물러났다. 나는 고맙다고 인사를 하고 나오다가 엉거주춤 돌아서서 말했다.

"올해의 이 마지막 커피 한 잔으로, 새해 일 년 동안 가슴 뿌듯하게 살겠습니다."

퇴근하면서 나는 사무실에서 듣던 CD 한 장을 들고 다시 '바하'로 샀다.

"재즈도 들어 보셔요. 맨날 고전음악만 틀지 말고…"

사장님은 활짝 웃으면서 말했다.

"혼자 있을 때는 자주 들어요. 이따가 가게 문 닫고 크게 들을게요."

"새해에 또 뵙겠습니다."

아주 씩씩하게 '바하'를 나서는 내 등 뒤에서 한 해를 마감하는 문이 닫히고 있었다.

이 얘기를 읽고 어떤 이들은 그럴지도 모르겠다.

"시 쓰고 있네."

그렇다. 한 해를 끝내는 마지막 날, 나는 '바하'의 여주인과 함께 시 한 편을 쓴 것이다.

부채감

 밤늦게 집에 들어가거나 새벽까지 일해야만 옳은 줄 아는 나를 보고 어느 후배 뻘 되는 이가 말했다. "할 이야기가 있으니 차나 한잔 하자." 몇 번이나 벼르다가 하는 말이다. 사람들로부터 지나칠 정도로 똑똑하고 유능하다는 평가를 받아 온 사람이다.
 "요즘은 그렇게 일하는 사람 없어요. 정말이에요. 다 자기 앞가림은 해요. 하 선생님처럼 자기 몸을 혹사하는 사람은 없어요."
 참으로 딱하다는 표정이었다.
 "부채감으로 일하지 마세요. 하 선생님도 할 일을 하는 거예요. 노동상담이 어디가 어때서 그래요?"

 그러나 요즘도 '그렇게' 일하는 사람들이 있다는 걸 그 친구는 모르고 있었다. 며칠 뒤 어느 노동자들과 만난 자리에서 그가 했던 이야기를 사람들에게 해 주었다. 물론 누구라고 말하지는 않았다. 사람들도 그의 말에 대해 옳다 그르다 말하지 않았다. 한 노동자가 그냥 자기 경험을 이야기했을 뿐이다.

"전에 있던 노동조합에 정말 끝내주는 선배가 있었어요. 얼마 전에 길에서 우연히 만났더니 아기를 안고 있더군요. 그런데 그 언니가 날 보고 그러는 거예요. '너 아직도 그러고 다니냐?'"

잠시 아무도 말이 없다가, 한 노동자가 침묵을 깨뜨렸다.

"그걸 그냥 뒀어?"

봇물이 터진 듯 말이 쏟아졌다.

"운동 안 해도 좋으니까 의리나 지키고 살라고 그래."

"아직도 그러고 다니냐고? 말이 안 나오는군."

"그런 사람들이 더 문제야."

똑똑한 후배가 한 말에 며칠 동안 주눅 들어 있던 나는 원군을 얻은 듯 마음이 편해졌다.

표피적인 것과 본질적인 것

 82년도까지 자주 만났던 친구가 TV의 교양 다큐멘터리 프로그램에 나왔다. 화가인 그 친구의 작품과 글이 함께 어우러진 작품집은 요즘 교양 있는 가정 주부들에게 필수 수집품이 되었다. 그가 나와 '자주 만났다'는 것은 한때 우리가 비슷한 일을 했다는 뜻이다. 그 프로그램의 아나운서도 그에게 물었다.
 "활동 초기에는 현실에 대한 관심이라든가, 사회 문제에 대한 높은 목소리가 주요 작품 세계였던 것으로 아는데요. 최근에는 '참선'에 관한 연작을 발표하는 등 작품 세계에 많은 변화가 있는 것으로 보입니다."
 요즘 많이 입는다는 '우리 옷'을 품위 있게 차려 입은 그는 깊은 생각에 잠긴 표정으로 느릿느릿 답한다. 때로 손바닥으로 가슴을 훑어 내리는 모습이 이를 데 없이 진지하다.
 "처음에는 그랬지요. 그러나 요즘에는 그런 사회적 요구라든가 현실 속에서 미술의 역할이라든가 하는 '표피적'인 문제를 떠나서, 보다 인간 내부의 '본질적'인 문제에 천착하고 싶어서…."

나는 결국 그 장면에서 알량한 인내의 한계를 넘었다.

"너, 과거의 그 일을 꼭 '표피적'이라고 표현해야 되겠어? 현대자동차에서, 명동성당에서 사람들은 80년대와 똑같이 머리를 깎고, 천막을 치고, 농성을 하고 있는데. 너한테는 그게 이미 '표피적'인 일이란 말이지…."

방 한 켠에서 다른 일을 하고 있던 안해가 놀라서 묻는다.

"왜 그래?"

"저 친구 당신도 알잖아. 세계관이 바뀐 것 가지고 내가 뭐라고 하지는 않겠어. 나는 그 세계관도 존중하니까. 그러나 어휘를 좀 신경써서 선택해야 할 거 아냐. 과거에 자기가 했던 일을, 지금도 많은 사람들이 목숨 걸고 있는 일을 꼭 '표피적'이라고 표현해야 되겠어? 그래 너 표피적인 일을 떠나서 본질적인 문제에 많이 천착해라. 인마."

자연에 귀의하는 것, 많은 문제가 여전히 남아 있는 농촌을 목가적 정서로 바라보는 것, 전원에 묻혀 도시를 돌아보지 않는 것을 사람들은 또 다시 새로운 '혁명'으로 받아들이는 모양이다. 그러나 우리 사회 혁명의 시기에 일찍이 그것에 '참여했었다'는 것을 낡은 훈장처럼 달고 있는 사람들 중에서 참선과 자연과 목가적 정서에 귀의하는 사람이 어디 그 친구 한 사람뿐이랴. 그리고 그렇게 많은 사람들이 선택하는 길이 어떻게 반드시 잘못된 길일 수 있으랴.

 그런데 보다 더 인간의 내밀한 고민으로 시선을 돌리는 새로운 '혁명'이 왜 하나같이, 좀 더 살기 편해지는 쪽으로, 좀 더 유명해지는 쪽으로, 좀 더 돈을 많이 버는 쪽으로, 부당한 권력과 자본으로부터 탄압 받지 않는 쪽으로만 향해지는지, 나는 그것이 궁금하다.

 함께 일했던 사람들이 어느 날, 마치 박○ 신부라도 된 것처럼 "인간의 육체에는 정신이 깃들어 있는데…" 운운하면서 보다 '본질적'인 문제에 관심을 가지기 시작하면, 나는 두렵다.

밀밭 사이로

연구 프로젝트 일로 어느 대학교에 찾아갔다가 우연히 고등학교 동창생 녀석을 만났다. 10여 년 만에 만난 그 친구가 바로 프로젝트 담당 교수 밑에서 정치학 박사과정을 밟고 있다고 했다. 몇 개월 동안 그 친구가 이것저것 잘 챙겨주는 바람에 프로젝트를 생각보다 아주 쉽게 끝낼 수 있었다.

그 뒤 10년쯤 세월이 다시 흐르는 동안 잊을 만하면 가끔씩 받아 보는 동창회보 주소록에서 그 친구 직업은 언제나 '강사'였다. 대학 이름이 자주 바뀌는 것으로 보아, 전임강사 자리 하나 구하지 못한 채 '보따리 장사' 신세를 면하지 못하는 모양이었다.

여의도 어느 빌딩의 지하 복도를 어슬렁거리다가(사실은 화장실을 찾느라고…) 식당 문을 열고 나오는 그와 우연히 마주쳤다. 또 다시 10년 만의 만남이었다. 그가 먼저 나를 알아보고 복도가 울릴 정도로 큰 목소리로 쩌렁쩌렁 내 이름을 불렀다.

"야, 종강아! 너 하종강 맞지?"

"아니, 너 웬일이야?"

"내가 이 식당 주인이잖아."

"식당 주인이라고? 대학 강사 생활하고 있는 줄 알았는데."

"응, 배가 고파서. 이 나이 되니까 더 이상 못 버티겠더라구."

"그래도 대학 선생 생활을 10년 이상이나 했잖아."

"지방 대학에 자리를 하나 얻을 수는 있었는데, 사람들이 자꾸 멀쩡한 말을 망아지로 만들려고 하잖아. 그렇게 할 수는 없어서 때려치웠지. 이거 시작한 지 이제 20일밖에 안 됐어."

그때에서야 나는 가게를 둘러보았다. 칼국수를 전문으로 하는 집이었는데 가게 이름이 '밀밭 사이로'였다.

"밀밭 사이로? 이 이름 네가 지었지? 선생티 되게 내고 있네. 식당 이름이 '밀밭 사이로'가 뭐냐? 시 쓰고 있냐? 이런 이름 갖고 돈 벌겠냐?"

말을 뱉고 나서야 나는 '실수했다' 싶은 생각이 들었지만, 친구는 그냥 빙그레 웃고 있었다. 유난히 수줍음이 많았던 그 친구는 10년 넘게 대학 선생을 하다가 칼국수집 주인이 된 것이 스스로 생각하기에도 멋쩍었는지, 말을 하면서 계속 더듬었다.

수줍음. 그 친구를 생각하면 항상 떠오르는 단어였다. 유난히 노래를 잘 했던 그 친구는 학교의 오락시간이 되면 매번 반 강제로 불려 나가 노래를 불러야 했다. 차려 자세로 서서, 교과서에 나오는 가곡들을 멋지게 부르는 동안 그의 얼굴은 수줍음으로 점점 붉어졌다. 그 수려한 노래를 부르던 목청으로 그날, 복도가 쩡쩡 울리도록 내 이름을 불러 주었던 것이다.

라디오 음악 프로그램에서 80년 전에 녹음되었다던 카루소의 노래 '남몰래 흐르는 눈물'이 나왔다. 오래전, 고등학교 3학년 마지막 오락시간에 그 친구가 차려 자세로 끝까지 불렀던 노래. 입시를 며칠 앞둔 까까머리 고등학생들이 장래에 대한 불확실성으로 조바심하면서, 학생시절을 마감하는 마지막 오락시간이라는 비장함으로 가슴을 떨며 들었던 노래.

"우나 푸르티바 라 그리마…"

뜻도 모르는 가사를 큰 소리로 따라 부르다가 칼국수 집에 어울리지 않는 '밀밭 사이로'라는 이름으로 그렇게라도 남아있고 싶어 하는, 친구의 10년 세월이 서러워 콧날이 시큰거렸다.

(전국의 칼국수 집 주인들에게 죄송하다는 말씀을 드립니다. 칼국수 장사가 대학 선생 일보다 못하다는 뜻은 아닙니다. 10년 세월 동안 자신이 노력한 분야에서 승부를 보지 못한 친구가 안쓰러웠을 뿐입니다.)

레인보우 명예회원

설 연휴 동안 인터넷 게시판을 뒤지다가 오랜만에 내가 졸업한 고등학교 동창 홈페이지에 들어가 보았다. '레인보우' 동호회 게시판이 있었다.

고등학교에 진학하자마자 '죽자 사자' 붙어 다니는 친구들이 생겼다. 모두 7명이었는데 그 녀석들은 R·A·I·N·B·O·W 의 알파벳 7개를 생일 순서대로 하나씩 나눠 가지고, 자기 글자에 해당하는 마크를 만들어 옷에 붙이고 다녔다. 선배들로부터 물려받은 전통이라고 했다.

나중에 내가 그 7명과 모두 친해지는 바람에 인원이 8명으로 늘어나자 당연히 문제가 생겼다. 알파벳 글자가 하나 모자라게 된 것이다. 궁리 끝에 한 친구가 이런 제안을 했다.

"맨 뒤에 S자를 붙여서 RAINBOWS로 하는 건 어때? 하종강은 S자를 갖는 거지."

그 말을 듣고 다른 친구가 말했다.

"야, RAINBOW가 복수형이 가능한 명사냐? 문법적으로 틀리는 거 아냐?"

그러자 또 다른 친구 녀석이 말했다.

"그럼, S자의 의미를 Special의 머리글자로 하지 뭐. 특별하다는 뜻이니까, 좋잖아?"

그래서 그 뒤 한 동안 나는 어거지로 '레인보우 명예회원'으로 S자 행세를 했다. 어느 날 멤버 중의 한 녀석이 다시 제안을 했다.

"너희들 'Canon'이라는 음악 형식 알지?"

"들어 본 것 같기는 하다."

"하나의 주제가 처음에 연주되면 그 뒤를 따라 같은 주제가 계속 변주되는 것. 같은 주제가 되풀이될 때마다 나름대로 개성이 있으나 전체적으로 조화를 이루는 것. 우리 명칭을 '카논'으로 하는 건 어때? 카논 1, 카논 2, 카논 3… 이런 식으로."

그렇게, 생일 서열대로 따져서 나는 또 '카논 2'가 되었다. 그때 그 제안을 했던 친구는 음대에 진학했다. 노래를 엄청나게 잘 했지만 성악 레슨 받을 돈이 없어서 처음에는 작곡과에 입학했다가 나중에 독일에 가서 성악을 전공하고 지금은 음대의 교수로 있는데, 고집스럽게 독일 가곡만 부른다. 해마다 가을이 되면 독창회를 한다고 친구들에게 초청장을 보낸다. 그러면 우리는 오랜만에 친구들에게 전화를 한다.

"너도 초청장 받았지? 그날 한번 보자고. 이번에는 부부 동반으로 함께 오는 게 어때?"

"그건 좀 곤란한데, 내 안해는 등이 깊게 파인 드레스가 없거든."

"등이 깊게 파인 드레스 좋아하네. 그런데 가서 남의 부인 등 훔쳐볼 일 있냐? 그냥 청바지 입고 와. 꽃다발은 내가 준비할게. 꼭 오는 거지?"

독일 가곡만 연주하는 그 음악회를 독일어로 뭐라고 하던데 내가 무식해서 잊었다. '리더바움(Liederbaum)' 이던가, 그 비슷한 단어였던 것으로 기억한다. 하긴 고등학교 독일어 선생님이 수업시간에 내 얼굴을 보더니 "하종강, 너 독일어랑 담 쌓은 놈이지?"라고 했을 정도니까.

'파헬벨'의 '카논'을 들을 때마다 나는 마치 타임머신을 탄 것처럼 세월을 훌쩍 앞질러 4반세기 앞으로 간다. '레인보우' - R·A·I·N·B·O·W. 7명의 친구들은 지금쯤 어디에서 어떻게 살고 있을까? 가끔 궁금해진다.

고전음악 감상 동아리

　대학에 막 입학했을 무렵, 고등학교 선배의 권유로 '마티나타' 라는 고전음악 감상 동아리에 가입한 적이 있다. 레온카발로의 오페라 '팔리아치'에 나오는 아리아에서 따 온 이름이었는데, 나에게 가입을 권유한 선배는 그 동아리의 이름을 가르쳐주면서 "노래는 별로지만 이름이 멋있잖아?"라고 했다.

　그렇게 시작된 '고전음악 감상'이라는 나의 고급 취미는 톨스토이의 예술론을 몇 페이지 읽는 것만으로도 쉽게 혁파되어 오래 지속되지는 못했다. "저기 왕자가 나아오네~"라는 짧은 구절을 완벽해질 때까지 수십 번이나 반복 연습해야 하는 오페라 가수를 보면서 톨스토이가 '인민의 눈물 젖은 빵과 저 노래는 어떤 관계가 있나'를 고민했다는 내용은, 유신의 서슬이 시퍼렇던 70년대 초반의 혈기 왕성한 대학생에게 쉽게 공감되었다. 다시 고전음악과 접하게 된 것은 군대에서 제대하고도 한참이나 지난 뒤였다. 학생 신분이었지만 학교에는 한 달에 한 번꼴도 가지 않은 채 노동운동 단체에서 무보수 자원봉사자로 2년 넘게 일하고 있을 때였다. 대학에 다니는지 마는지 스스로 생각해 봐도 구별이 되지 않는 시기였다.

선배와 친구들 몇 사람이 돈을 모아 인천 신포시장 한복판의 허름한 건물 이층에 방을 하나 얻었다. 신포시장은 구한말 인천이 개항될 무렵에 개설된 우리 나라에서 가장 유래가 깊은 상설시장이다. 칠순을 훨씬 넘기신 어머니도 처녀 적에는 신포시장에서 장을 보았다고 하셨다.

선배들이 주머닛돈을 몽땅 털어 그때 우리 형편으로는 거의 최고 수준인 오디오 시설과 편안한 소파와 커피 사이폰을 갖추어 놓고 벽에는 작은 액자 몇 개를 걸었다. 창에 예쁜 커튼을 달았더니 그 허름한 건물 내부는 그런 공간이 있으리라고는 짐작할 수 없을 만큼 아늑해졌다. 삐걱거리는 나무 계단이 끝나는 2층의 허름한 출입문 위에는 '예술촌'이라는 조그만 간판을 걸었다. 비록 판자때기에 새긴 것이었지만 서○대 불문학과를 2년씩이나 다니다가 "이것은 내 길이 아니다."라는 용단으로 중퇴하고 다시 홍○대 조소과에 입학한 회원 하나가 하루 종일 갈고 다듬은 예술품이었다.

장사를 하는 곳이 절대로 아니었다. 차를 마신 뒤에 돈을 내거나 할 필요도 없었다. 다달이 걷는 회비로 운영비를 충당했다. 아무나 올 수 있는 곳도 아니었다. 그곳에 그런 장소가 있다는 것을 아는 사람조차 별로 없었다. 이를테면, 우리는 회원제로 운영되는 일종의 '살롱' 분위기를 한껏 즐긴 셈이다. 돌이켜 보면, 지금까지의 내 짧은 인생에서 누릴 수 있었던 최고의 정신적 사치였다.

그 건물까지 들어가는 시장 길목이 온통 먹자 좌판이어서 낮에는 '예촌', 밤에는 '술촌'이 되었다. 찾아오는 사람들마다 갖가지 튀김, 순대, 김밥, 감자떡, 빈대떡, 메밀묵 한 봉지에 소주라도 한 병씩 꿰차고 들어오면 밤에는 그대로 천국이 되었다. 밤마다 현학적인 대화들을 무성하게 나눌 때에는 동서양의 고전이 총망라되었다. 고전에 나오는 주인공들의 이름으로 별명을 하나씩 지어 가지기도 했다. 패션 회사에서 디자이너 일을 했던 미모의 여자 선배는 '초선', 체격이 유난히 크고 수염이 덥수룩했던 철학 전공의 선배는 '동탁'….

저녁에 술을 마시고 돌아가며 노래를 할라치면 대부분의 회원들이 칸초네, 샹송, 오페라의 아리아들을 원어로 불러제꼈다. 한마디로, 되게 티를 내었다.

토요일에는 공개 음악 감상회를 열었다. 알음알음으로 찾아 온 사람들이 열 명에서 스무 명 남짓 모였다. 회원들이 돌아가며 진행을 담당했다. 내가 처음 맡았던 감상회에서 택했던 음악은 차이코프스키의 유일한 바이올린 협주곡 35번 D장조였다. 많이 알려진 곡이었으나 그

당시의 나에게는 그것도 어려웠다. 여기저기 자료에서 베낀 내용으로 열심히 작곡가와 연주자와 음악의 구성에 대한 설명을 하고, 그 곡이 초연되던 당시의 에피소드가 어느 책엔가 나오길래 그 얘기도 했던 기억이 난다.

대부분 음악을 두 번씩 들었다. 처음에는 숨죽여 가면서, 두 번째는 자유롭게 이야기도 하면서 들었다. 그날 두 번째로 들으며 2악장의 주제가 연주되었을 때, 국내 유수의 대학에서 건축공학을 전공하고 12년 만에 졸업을 했지만 연극을 하며 가난하게 살던 선배가 눈을 지그시 감고 "음, 바로 여기야. 바로 이 부분." 하면서 고개를 끄덕였던 모습이 지금도 눈에 선하다. 그 모습을 보면서 나는 '어서 빨리 나도 저런 경지에 도달해야지.'라고 생각했다.

내가 두 번째로 담당했던 공개 음악 감상회에서 선택한 음악은 '리하르트 스트라우스'의 '죽음과 변용'이었다. 당시에는 곡명을 독일어로 기억했는데 지금은 당연히 잊었다. 죽음에 이르는 괴로움, 죽음과 동시에 이루어지는 유체 이탈, 그 뒤에 찾아오는 평화. 그런 걸 도대체 어떻게 음악으로 표현할 수 있었을까?

어렵게 음반을 구해서 신포시장 한가운데 2층의 허름한 계단을 올라갔을 때, 사건이 벌어졌음을 한눈에 알 수 있었다. 문짝은 뜯겨 나갔고 우리들의 소중한 공간은 사정없이 흐트러져 있었다. 간밤에

도둑이 들었던 것이다. 도둑맞은 오디오 장비들은 아직도 선명하게 눈앞에 그릴 수 있다. Sansui 앰프, Technics 턴테이블, AR 스피커…. 그것으로 끝이었다. 스피커 한 조에 1억 원이 넘는 고급 명기가 즐비한 요즘에 보면 한없이 초라한 장비겠지만 당시의 우리들에게는 전 재산이나 마찬가지였다.

우리는 결국 리하르트 스트라우스의 음반을 듣지 못했고 그 슬픔을 딛고 다시 재기하지 못했다. 우리는 소중한 꿈을 묻으며 '예술촌'의 문을 그날로 닫았다.

지금도 신포시장에 가 보면 먹자 좌판과 생선시장 사이에 그 건물은 아직도 그냥 그렇게 허름한 채로 남아 있다. 2층 그 방에 누가 무엇을 하며 사는지 궁금해진다. 수염이 덥수룩한 미대생이 아틀리에라도 하나 꾸리고 있다면 얼마나 썩 어울릴까, 그런 생각을 하면서 한참 바라보다가 발걸음을 돌리곤 한다.

알파벳 M자를 멋지게 도안해서 만든 '마티나타' 브로치를 가슴팍에 달고 다니는 여학생을 몇 년 전에 시내버스에서 만났다. "마티나타가 아직도 있군요. 나, 마티나타 74학번이야." 내가 그렇게 말하자 여학생은 거의 숨을 쉬지도 못할 만큼 감격했다. "며칠 뒤에 공개 음악 감상회가 있어요. 꼭 오세요." 명함이 떨어졌을 때라 연구소 주소가 인쇄되어 있는 서류봉투의 주소 부분을 찢어 여학생에게 건네주었지만 그 뒤에 연락을 받지는 못했다. 20년도 더 넘게 차이 나는 선배가 너무 어려웠나 보다. '마티나타' 아직도 잘 있을까?

남극 세종기지

　이라크에서 피격되어 숨진 노동자들의 시신이 도착하기를 기다리고 있었다. 그렇게 인천공항 화물청사에서 기다리다가 남극 세종기지 연구원들의 실종 소식을 처음 들었다. 오열하는 유가족들 틈에서 방송 중계용 모니터 화면을 보다가 뉴스 자막을 보는 순간 마음이 얼어붙었던 것은 황량한 아스팔트 벌판에 몰아치는 차가운 겨울 바람 때문만은 아니었다.

　그날 내가 출연하기로 한 프로그램의 제작진들은 저녁 방송 내용이 세종기지 연구원 실종 소식, 이라크에서 사망한 노동자 시신 귀국 소식(이게 내가 맡았던 순서다), 그 뒤에 장준하 선생 의문사에 관한 이야기로 이어져 너무 어두운 분위기 일색이라며 고심했다.

　생방송이 끝날 때까지는 정신이 없었다. 방송 끝내고 돌아오면서 집에 전화를 했다. "세종기지에서 실종된 사람 명단에 윤○일이라는 이름은 없었냐?"고 물었더니 안해는 "정확하게 기억은 안 나지만 그렇게 나이가 많은 사람은 없었던 것 같다"고 했고, 아들 아이는 인터넷으로 검색을 해 보더니 "그 사람은 세종기지 대장이어서 기지를 지키며 남아 있었던 것 같다"고 했다.

윤○일 대장은 학교 후배다. 졸업한 뒤에는 시장 귀퉁이 만두집에서 우연히 한 번 마주친 것이 유일한 만남이었을 정도로 소원한 사이지만 학창시절 같은 여학생에게 호감을 가졌던 인연으로, 가끔 옛 추억에 잠길 때마다 다른 사람에게는 느낄 수 없는 각별함이 묻어나는 드문 관계다.

학교에서 어쩌다 마주치면, 같은 여성에 대한 호칭을 나는 "아끼는 후배 여학생"으로, 윤○일은 "존경하는 선배 누나"로 애써 감정을 숨겨가며 이야기를 나누곤 했던 것이 25년이나 지난 지금도 참 계면쩍다. 한번은 내가 그 여학생이 자기 집 옥상에 쌓인 눈을 치우느라고 힘들었다더라는 말을 전했더니, 윤○일이 "옥상이 있는 집이라면, 찢어지게 가난한 집은 아니겠군요."라고 좋아하던 모습이 기억난다. 그 여학생이 고등학생 시절 그 학교 유사 이래 전무후무한 우등생이었으면서도 굳이 좋은 장학금을 받기 위해 우리 대학에 입학했다는 것 때문에 아마 엄청나게 가난할 거라고 지레 짐작하고 걱정했던 모양이다.

윤○일은 결국 그 "존경하는 선배 누나"와 결혼을 했는데, 나는 내용을 잘 모르지만 알 만한 사람들은 다 아는 가슴 짠한 일편단심 순애보였다는(여자가 아니라 남자가) 전설이 있다.

실종 사건이 난 시기에 MBC는 제작진이 미리 남극 기지에 가 있는 바람에 특종을 했다. MBC 시청자위원회 송년모임에서 MBC 이긍희 사장이 "고화질 방송 카메라로 찍은 영상을 전송할 수단이 없어서 모니터로 재생한 화면을 디카로 다시 찍어 전화선으로 전송할 수밖에 없었다."고 손짓까지 곁들여 열심히 자랑을 했다.

며칠 뒤 그 테이프를 공수해 온 모양이다. MBC에서 특집 다큐멘터리 〈아! 세종기지〉를 방송했다. 본 사람은 알겠지만 윤○일 대장은 엄청난 미남이다. 적당히 무게 잡는 말씨까지 전혀 어색하지 않게 썩 어울리는 사람이다. 조난당한 대원이 살아있다는 소식을 전해주는 무전기를 붙잡고 흐느끼는 모습이나, 살아서 돌아온 대원을 부둥켜 않고 "야, 이 새꺄! 야, 이 씨발 새꺄!"라고 울부짖는 모습은 픽션이 도저히 만들어 낼 수 없는 감동을 주었다. 그것이 바로 논픽션의 힘이다.

그 절박한 실제 상황을 보면서 나는 경망스럽게도 '그레고리 팩'이나 '피어스 브로스넌'이 출연하는 영화의 한 장면을 보는 것 같은 착각에 빠졌노라고 솔직히 고백하지 않을 수 없다. 그만큼 윤○일 대장의 인물은 출중하다. 아마 인터넷에 팬 카페가 생길지도 모르지.

우리 마음에 비하면…

구로동에서 노동상담을 하던 여자 후배가 늦은 나이에 사법시험을 준비하겠다고 떠났다. 우리나라에서 가장 들어가기 어려운 대학의 가장 들어가기 어렵다는 학과를 다녔던 수재. 수재들만이 갖는 엉뚱함을 후배도 당연히 지니고 있는데 그 엉뚱함이 따치 무엇이라고 설명할 수는 없다. 단순히 순진무구라고 하기에도 좀 그렇다. 오래 전, 그 후배가 내 안해를 처음 만났을 때, 후배는 안해에게 큰 소리로 이렇게 말했다.

"나 하 선배님 무지 좋아하는 사람이에요."

안해는 웃으며 답한다.

"우리 남편 좋아하는 여자들 무지 많아요."

이미 결혼도 하고 아이도 있는 나이에 쉽지 않은 일이겠지만 후배는 어려운 결단을 하고 시골로 내려갔다. 사법시험을 준비하는 사람에게는 사사로운 연락조차 삼가야 하는 것이 예의인지라, 거의 2년 동안 우리는 완전히 남이 되었다.

종로성당에서 장애인 노동자들이 마련한 행사가 열렸다. 계단을 올라가는데 입구에 모여있던 사람들 틈에서 야구모자를 푹 눌러 쓴 여인이 한 사람 튀어나오는데, 바로 그 후배가 아닌가.
"아이쿠, 이게 누구야. 여기는 어떻게 왔어?"
"형 만나려구요. 서울에 약속이 있어서 올라왔다가, 형이 오늘 여기 와서 얘기한다기에 얼굴이라도 잠깐 보구 가려구."
아무렇게나 걸친 잠바 차림이었지만 후배는 2년 전보다 더 젊어 보였다.
"그럼 이렇게 그냥 있으면 안 되지. 우리 포옹이라도 한번 해야지."
한껏 과장된 몸짓으로 두 팔을 벌리는 내게 후배는 스스럼없이 다가와 안기는 시늉을 했다. 몇 년 동안 알고 지내면서 손목도 한 번 못 만져 봤건만, 오랜 세월 동안 만나지 못했던 반가움이 우리에게 감히 용기를 내게 했을 것이다. 옆에 있던 사람들이 "어쭈, 이것들 봐라."라고 놀렸다.
"지난번 시험은 어떻게 되었어?"
"1차는 붙었어요. 2차는 10개월쯤 뒤에 보면 되고."

"그래도 용하네. 첫 번째 시도에 붙고…"

"저도 그렇게 생각해요. 2차 시험도 잘 될 것 같아요."

웃는 후배의 얼굴에 자신감이 서렸다. 행사 중간 휴식시간에 후배는 내게 오더니 "전 이만 내려가 봐야겠어요. 너무 늦어서…"라고 말했다. 잘 가라는 악수를 하고 헤어졌고 행사는 꽤 늦은 시간이 되어서야 모두 끝났다. 그런데 벌써 갔을 줄 알았던 후배가 아직 안 가고 남아있는 것이다.

"갔는 줄 알았는데, 아직 안 갔네."

"오늘 형 보면 앞으로 또 1년이나 지나야 보게 될 텐데, 형 얼굴 한 번 더 보구 가려구요."

"아이쿠, 고마워라."

후배는 묘한 표정을 짓더니 말했다.

"저, 부탁이 하나 있는데요. 한 번만 더 안아주시겠어요? 그러면 2차 시험도 꼭 붙을 것 같아요."

사람들이 많은 곳에서 우리는 어쭙잖게 또 한 번 포옹을 했다. 주변의 친구들이 또 놀렸다.

"너네 남편한테 다 이른다."

그 말을 듣고 나와 후배는 거의 동시에 말했다.

"이건 우리 마음에 비하면 몇 분의 일도 안 되는 거야."

후배는 차 시간에 쫓겨서 그만 가 봐야 한다고 했다.

"선배님, 안녕히 계셔요."

인사를 마친 후배는 어둠 속으로 마치 야구선수처럼 달려갔다. 후배가 떠난 성당 마당엔 빈 어둠만 남았다.

일 년쯤 뒤, 후배는 "2차 시험에도 붙었다."고 전화를 했다. 고향에서 올라오는 길이라고, 후배는 "그럴 필요 없다."고 말렸지만 나는 거의 떼를 쓰다시피 후배의 허락을 얻어 공항으로 마중을 나갔다. 공항에서 만난 후배는 내게 "고맙다."면서 고향의 특산물 명란젓을 내밀었다. 후배와 나는 누가 먼저랄 것도 없이 "그 포옹이 효험이 있었던 모양"이라며 웃었다.

"나는 검사보다, 변호사보다, 판사 체질 같아요."라고 말하던 후배는 연수원을 마치고 자신의 말대로 성실하고 훌륭한 판사가 되었다.

연변 말씨

부산에 이틀 있다가 왔슴다. 부산에서 제일 맛있게 먹은 게 몬지 아십니까?

자갈치의 펄펄 뛰는 회? - 아니었슴다.

광복동에 새로 생긴 'Out Back'의 스테이크? - 아니었슴다.

아침에 시간이 없어 급하게 때운 맥도날드 햄버거? - 아니었슴다.

노점상 먹자골목에서 먹은 시뻘건 떡볶이? - 고거 여간 맛있는 게 아니었지만, 그것도 아니었슴다.

그것은 시장통 뒷골목의 상인들에게 밥을 대주는 식당에서 우연히 먹은 '정식'이었슴다.

소고기 장국에 밥이 따로 나오는데 반찬이 모두 10가지나 되는 것이었슴다.

밀가루 입혀서 튀긴 풋고추가 이따시만 함다. 고저 이게 와땀다.

이 정도 음식이면 아무리 싸도 한 5천 원쯤은 하갖꾸나 생각했는데,

아니었슴다. 2천5백 원짜리였슴다.

서울에서 그런 음식 2천5백 원 하는 거 봐쏨니까?

고저 한 돈 만 원 정도는 해야 조거 좀 먹을 만하갔구나… 생각하지 않습니까?

서울 사람들 '돼지 국밥'이란 거 봐쏨니까?

소고기 국밥처럼 뽀얀 국물에 돼지고기를 숭숭 썰어 넣은 국밥임다.

부산 사람들은 저거로서리 '돼지 국밥'이라 함다.

부산에서 한 끼 더 먹게 되면 그거 먹고 싶었슴다. 그런데 기회가 없었슴다.

다음에 가면 꼭 한 번 먹고 싶슴다.

돼지 국밥 파는 가게가 몇 개 줄지어 있었는데 백 미터쯤 전방에서부터 냄새가 온 천지에 진동을 했슴다.

집에 오려고 김해공항에 도착했을 때였슴다.

공항 청사 2층에서 은은한 냄새가 풍겨오는 것이었슴다.

저는 그것이 범일동의 돼지 국밥 냄새가 거기까지 풍겨오는 것인 줄 알았슴다. 그런데 아니었슴다.

그것은 바로 다름 아닌 재첩국 냄새였슴다.

저는 결국 유혹을 이기지 못하고 재첩국 한 사발을 비웠슴다.

그래도 제일 맛있는 건 역시 시장통 뒷골목에서 먹은 정식이었슴다.

저는 평생 그 정식의 푸짐한 맛을 잊을 수가 없을 것입다.

쓸데 없는 글, 읽어주셔서 고맙습다.

동갑내기 목사 친구

나와 동갑내기인 목사가 부천 공단 가까운 곳에 교회를 개척했다. 주택가 2층에 마련된 아담한 예배실에서 창립 예배를 드리고 나서 우리는 함께 라면을 맛있게 끓여 먹었다.

그가 가끔 힘들어 할 때면, 소싯적 한 때 목사가 되고 싶어 한 적이 있었던 나는 "목사 되는 것이 평생 소원인 사람도 많아. 너는 다른 사람들의 평생 소원을 이미 이룬 것이니 그것만으로도 얼마나 좋아."라는 말로 그를 위로하기도 했다.

그의 부인은 아마 우리 나라 목사 사모님들 중에서 가장 아름다운 목소리를 가진 사람이었을 것이다. 일찍이 어린 시절부터 엠광소년소녀합창단에서 갈고 닦은 청아한 음성으로, 코스모스처럼 가녀린 몸매 어디에서 그런 소리가 나올까 싶게 정말 노래를 잘 불렀다. 백사장에서 모닥불을 가운데에 놓고 앉아 그 이의 노래를 처음 듣던 밤, 강 건너 절벽까지 쩡쩡 울리며 골짜기를 가득 채우던 맑고 고운 목소리가

20여 년이나 지난 지금까지 내 귀에 생생하다.

그 목사 친구가 온몸에 골수암이 퍼져서 앞으로 살 날이 몇 개월 남지 않았다는 청천벽력 같은 소리를 들었을 때는 그 부부가 결혼을 해서 아직 아이도 낳기 전이었다. 그는 충주에 살고 있는 선배 이현주 목사를 찾아가 말했다.

"내가 죽을 때까지… 형님 집에서 살다가 죽으면 안 되겠소?"

우리 모두의 존경을 받는 이현주 선배는 당연히 그러라고 했다. 그 친구가 세상을 떠나던 날까지 몇 개월 동안, 이현주 선배의 집에는 웃음이 그치지 않았다고 한다. 그 젊은 부부가 소곤소곤 얘기를 나누다가 까르르 웃는 소리가 하루도 그칠 날이 없었다고 한다. 이현주 선배는 그 웃음소리를 들을 때마다 '무엇이 저렇게도 즐거울까?' 궁금하기도 하고, 내심 부럽기도 하고 그랬다고 한다.

"인디언의 '친구'라는 단어는 '내 짐을 대신 지고 가는 사람'이라는 뜻이라고 하더군요. 내가 세상에 있는 동안 형님은 나의 가장 좋은 친구였으니, 이제 내가 형님의 짐을 대신 지고… 먼저 갑니다."

그는 그렇게 기쁘게 하나님의 부르심을 받았다.

어느 교회 여름 수련회에 강의를 하러 갔다가 그 사모님을 십수 년 만에 만났다. 여전히 코스모스처럼 가녀린 몸매의 사모님은 내 옆에 다가와 말했다.

"저도 하종강씨 홈페이지에 가서 그 글 읽었는데요. 거기 잘못된 정보가 하나 있어요. '아들을 하나 남겼다'고 고쳐 주세요."

아빠의 모습을 쏙 빼닮은 청년이 내게 다가와서 인사를 했다. 부디 행복하기를….

휴게소의 개구멍

　일주일에 적어도 이틀은 고속도로 휴게소에서 끼니를 해결해야 한다. 무심코 들린 휴게소의 우동 코너에서 한 입 베어 문 단무지가 지나치게 짜거나 맛이 없기라도 하면 '맞아. 지난번에 이곳에 들렀을 때도 그랬어. 그걸 왜 내가 깜박 잊었을까?' 후회막심일 때가 많았다. 고속도로 휴게소에 관해 자질구레한 내용들을 메모하기 시작한 것은 그 때문이었다.
　일전에 '말' 지의 어느 기자에게 그 메모를 보여준 적이 있었는데, 그것이 화근이었다. 독자들에게 좋은 생활정보가 될 거라면서 원고를 써 달라고 요구해서 두 달이나 시달렸다. 그러나 위와 같은 내용들은 어디까지 개인의 주관에 따른 것이어서 공정한 정보가 되기 어렵다.
　더욱이 나중에 알고 보니 휴게소의 단무지 맛은 언제나 일정한 것이 아니었다. 납품업체가 바뀔 때마다 품질이 달라지기도 하지만 같은 납품업체라고 단무지 맛이 항상 일정한 것도 아니다. 그렇다고 휴게소 식당에서 단무지를 납품 받을 때마다 일일이 그 맛을 점검할 수 있는 것도 아니다. 십수 년 세월 동안 휴게소를 일주한 경력에, 휴게소 근무 노동자들의 도움을 보태 짧은 지식을 보충했다.

〈노동조합이 있는 휴게소를 찾아라〉
 140여 개나 되는 고속도로 휴게소들 중에서 노동조합이 있는 휴게소는 별로 많지 않다. 그 중에서도 민주노총에 가입한 '말발 꽤나 있는' 노동조합이 있는 휴게소는 정말 몇 개가 안 된다. 그런 노동조합이 있는 휴게소에는 몇 가지 특징이 있다.
 직원들의 이직률이 현저히 낮다. 휴게소가 민영화된 뒤, 경영자들은 새로 취업하는 근무자들을 대부분 계약직으로 채용한다. 경영자가 바뀌면 계약직 노동자들은 고용이 보장되지도 않는다. 계약기간이 끝났을 때 그만두는 경우가 많다. 그러나 노동조합이 있는 휴게소에서는 노동조합의 방어로 계약직 근무자가 없거나 있어도 아주 적은 편이다. 노동조건이 차이가 날 수밖에 없다.
 취업 경쟁도 치열하다. 노동조합이 없는 휴게소의 노동자들이 노동조합이 있는 휴게소에 취업 신청을 해 놓고 자리가 나기를 기다리고 있는 경우도 많다.
 안정적인 근무환경에서 일하는 노동자들이 더욱 친절하다. 저임금과 중노동에 시달리게 하면서 손님들에게 웃는 얼굴로 대하라는 것은 억지다. 내 경험으로 판단하건대 노동조합이 있는 휴게소의 직원들이 훨씬 더 친절하다.

〈휴게소 근처의 식당촌을 주목하라〉

휴게소마다 개구멍이 있다. 사람들이 철조망을 뚫어 놓은 곳도 있지만 대부분은 휴게소 직원들이 출퇴근할 때 사용하는 출입구다. 그곳의 출입을 제한하는 휴게소는 거의 없다. 그 출입구를 나가면 그곳에 식당촌이 형성되어 있는 곳이 많다. 음식 맛도 좋은 편이다. 트럭 운전기사들이 즐겨 사용하는데 가끔 그 식당에서 술을 팔아 사회문제가 되기도 한다. 휴게소에는 주차만 하고 그곳 식당을 단골로 이용하는 사람들도 있다.

휴게소 뒷문 근처로 나갔는데 식당촌이 보이지 않는다면, 그때는 고속도로 건너편으로 가면 된다. 어떻게 고속도로를 건너는지 궁금하겠지만 모든 휴게소 근처에는 고속도로 밑으로 통과해서 건너편으로 넘어갈 수 있는 지하통로가 있다. 잘 찾으면 반드시 있기 마련이다. 보통 '토끼굴' 이라고도 하고 '굴다리' 라고 부르기도 한다.

망향휴게소 같은 곳은 그 굴다리를 통과하면 건너편 '망향의 동산' 에 들릴 수도 있다. 안내소 직원이 친절하게 가는 길을 가르쳐준다.

조금씩 자주 아픈 것이, 오래 묵혔다가 한꺼번에 아픈 것보다 훨씬 견디기 쉽습니다. 오래 묵혔던 아픔을 한꺼번에 끄집어내면, 그동안 잊을 수 있었던 작은 고통들을 모두 더한 것보다 그 크기가 훨씬 더 커집니다. 자주 아파해야… 면역이 됩니다. 마찬가지로 '바르게 살기' 위해 작은 이익부터 포기하는 경험이 쌓여야 나중에 '큰 일'을 위한 '큰 희생'도 가능해집니다.

2장 무에 그리 슬프랴

지하도 계단에서

롯데호텔에서 일하는 룸메이드 아주머니 노동자들이 노동조합을 만들었다. 교육을 받겠다고 연락이 왔는데, 교육장소가 '원구단 공원'이라고 했다. 서울에 사시는 분들 혹시 원구단 공원을 아시는지? 이번에 처음 알았는데 서울 한 복판에 그런 곳이 있었다. 서울 소공동 조선호텔 바로 뒤편에 있다.

서울에서 〈추석에 가 볼 만한 곳〉을 추천하는 글의 내용은 이렇다.

"명절 날 남산에 올라 파노라마처럼 펼쳐진 서울 전경도 보고 남산공원, 남산봉수대를 둘러보고 국가의 제사를 지내던 국사당터 약수터를 돌아보면서 한옥마을을 찾아가 보는 것도 좋다. 한옥마을은 서울 정도 육백 년과 타임 캡슐 광장이 조성돼 있어 가족들이 찾기에는 안성맞춤이다. 시간이 남을 경우 지하철 덕수궁 출구로 나와 정동극장, 호암아트홀, 농업박물관, 덕수궁 미술관, 궁중유물전시관, 서울애니

메이션센터, 국립극장도 돌아봄 직하다. 가 볼 만한 문화재는 △국보 1호 숭례문(남대문) △한옥마을 △덕수궁 △남산봉수대 △명동성당 △원구단 △약현성당 △장충단공원 △김종서 집터 △손기정 월계수관 △유성룡 집터 △이충무공 나신 곳 등이다."

롯데호텔에서 일하는 아주머니들이 마땅한 교육장소를 구하지 못해 그곳에 모여 교육을 받겠다는 것이다.
그날 아침부터 비가 많이 내렸다. 걱정이 되긴 했지만 '차라리 잘 됐다.' 싶기도 했다. 사람들이 오가는 대로변 작은 공원에서 멋쩍은 교육을 할 뻔했는데 비가 오면 교육이 취소될지도 모르기 때문이다. 전화를 해 보았더니 취소가 아니라 교육 장소를 지하도로 옮겼다고 했다.
"시청 앞 지하도에 모일만 한 장소가 있더라구요."
교육 장소에 도착하니 아주머니 60~70명이 나란히 앉아 있었다. 사람들이 오가고 간간이 비가 들이치기도 하는 지하도 계단에 앉아 있는 비정규직 아줌마 노동자들 앞에 서서 한 시간 반 동안 떠들었다.
"이 생활 30년 만에 지하도 계단에서 교육해 보기는 처음이네. 그것도 비가 오는 날 저녁에…"
내 너스레에 아주머니 노동자들이 모두 웃었다.
"호텔에서 일하는 사람들이 자기 호텔에 방 한 칸을 구하지 못해,

자기가 일하는 호텔 바로 앞 지하도 계단에 모여서 그것도 이렇게 비가 내리는 날, 교육을 받아야 하다니, 우리들이 처한 상황이 어떤 것인지 한눈에 보여주는 것 같습니다."라고 말하다가 나는 또 목이 잠겼다.

그래도 분위기는 좋았다. 건너편 지하도 계단으로 혹시 아는 사람이라도 지나가면 아주머니들이 교육을 받다 말고 그 사람에게 손을 흔들며 "어서 당신도 이리 와서 앉어."라고 크게 외치기도 했다. 나중에는 아주머니들이 나를 보지 않고 모두 한쪽으로 향하면 내가 미리 눈치를 채고 "또 누구 아는 사람이 나타났군요."라고 말했다.

한 번은 아주머니들이 모두 앞쪽을 쳐다보며 입술을 비죽거리기에 "아주머니들 얼굴 표정을 보니까 이번에 나타난 사람은 별로 좋아하는 사람은 아닌 것 같군요."라고 했더니, 맨 앞에 앉아 있는 아주머니가 말했다. "우리 과장이에요."

교육을 마치고 우산을 받으며 길을 건너다 보니 바로 앞이 '국가인권위원회' 건물이다. 이 비정규직 아주머니 노동자들이 일이 잘 풀리지 않으면 마지막에 찾아갈 곳이 바로 그곳이다. 어쩌면 자신들이 마지막에 찾아갈 수밖에 없을지도 모르는 장소에서 비정규직 아줌마 노동자들은 자신들의 권리를 찾는 일을 시작하고 있었다. 그런 생각을 하며, 비 내리는 시청 앞 광장을 건넜다.

노동자들의 권리 찾기는 이렇게 시작된다.

한의사처럼 생긴 청년 한의사

'참된의료실현을위한청년한의사회'라는 기다란 이름의 단체가 있다. 사람들은 줄여서 그냥 '청한'이라고만 부르는데, 몇 년 전 그 단체가 주관한 한방 산재보험 프로젝트에 참여하느라고 내 나이 또래의 한의사 한 사람과 가깝게 지냈다. 그때 여러 사람이 고생한 덕에 지금은 노동자들이 산재보험으로 제한적으로나마 한방 치료를 받을 수 있게 됐다.

그 한의사를 처음 만나던 날, 내가 농담으로 "젊으신 분이 아주 한의사처럼 생기셨습니다. 한의원에 앉아 계시기에 썩 어울리는 인상이군요. 환자들이 신뢰하겠어요."라고 말했더니 그는 "그러니까, 절더러 지금 아주 못생겼다는 말씀을 그렇게 하신 거지요? 저도 잘 압니다. 아무리 못생긴 사람이라도 제 앞에서는 마음이 편해지지요. 그게 저의 장점이지요."라고 답해서, 아주 깊은 인상을 남긴 사람이다.

몸이 많이 상해서 일주일에 2~3일씩이나 회사를 결근하다가 아예 집에서 쉬고 있다는 후배를 그 한의사에게 소개해 준 적이 있다. 한의사는 전화기를 붙들고 동료 한의사에게 어디에선가 하는 집회에 꼭 참여하라고 신신당부를 하고 있다가 우리를 맞았다. 후배를 소개했더니 한의사가 후배에게 몇 가지를 물었다.

"생리는 어떤가요? 마지막이 언제였지요? 출산 경험 있어요?"

후배는 얼른 대답을 못하고 망설였다.

"제가 잠시 나가 있을까요?"

내가 호들갑스럽게 물었더니 한의사는 나보다 한술 더 떠 정색을 하고 답한다.

"아니요. 지극히 자연스러운 질문인데요. 뭐 그러실 것 없습니다."

진맥과 처방이 다 끝나고 나서 후배가 한의사에게 물었다.

"가장 중요한 게 남았는데요. 저… 약값은 얼마나 돼요?"

나도 같은 걱정을 하고 있던 터라, 적당히 긴장이 되었다. 한의사가 얼굴에 웃음을 띠고 설명하기 시작했다.

"글쎄, 얼마나 받아야 되나… 제가 운영하는 한의원에서는 때로는 약값을 받는 게 아니라 오히려 돈을 보태 줘야 하는 환자도 있는데, 보아 하니 좋은 안경 사 쓰실 형편은 되는 모양이고, 어떤 일을 하고 계십니까?"

그가 "어떤 일을 하고 계십니까?"라고 묻는 것은 "혹시 각목이나 화

염병 값이라도 보태 드려야 되는 일을 하고 있지는 않느냐?"는 뜻이다. 수배된 후배들을 그 한의사에게 소개해 준 적도 몇 번 있었다.

후배는 잠시 머뭇거렸고, 내가 끼어들며 답했다.

"정치 지망생들 등쳐 먹는 일을 하고 있으니까, 약값 낼 돈은 있을 겁니다."

"그럼 용돈 정도만 받지요. 뭐"

볼 일을 모두 끝내고, 인삼차를 한 잔씩 대접 받으며 이 얘기 저 얘기 하는 중에 후배가 한의사에게 또 물었다.

"뭘 많이 먹는 게 좋아요? 사람들은 야채를 많이 먹으라고 하던데."

"야채라, 야채보다는 차라리 고기를 많이 먹어야 할 형편입니다. 지금 몸이 많이 쇠약한 상태이니까 할 수만 있다면 고기를 많이 드십시오."

후배는 짐짓 웃으며 또 물었다.

"개고기는 어때요?"

"그것도 좋기는 한데…."

"개소주라도 먹을까요?"

후배가 얼굴을 생글거리며 말했지만 한의사는 시종일관 아주 진지한 얼굴로 답했다.

"진짜 개소주라면 괜찮지요. 말하자면, 기름기는 밑으로 다 빠지고 고기 성분만 위로 걸러낸 거죠. 그런데 요즘 개소주는 그냥 기름을 짜

듯 눌러 뺀 거라 별로 좋지 않아요. 콜레스테롤도 많고, 굳이 개고기를 드시겠다면, 어떻게 해야 하나… 그러니까, 저, 개찜을 해서 드십시오. 푹 고아서 닭고기 뜯어 먹듯이. 개찜이라, 그거 말해 놓고 보니 아주 좋네. 개찜, 개찜. 후후… 좋다. 우리 언제 한 번 해 먹어 봅시다."

한의사는 기계를 눌러 개소주를 뽑아내는 시늉까지 해가며 열심히 설명을 했다.

다 마치고 나서니 어느덧 저녁 무렵이었다. 내가 "우리 어디 가서 저녁이나 먹자."라고 했더니, 후배는 다가서며 옹석처럼 말했다. "형, 우리 고기 먹어요." 그래서 그날 저녁, 할 수 없이 팔자에 없는 고기를 먹었다는 얘기.

내 안해도 그 한의사를 무척 좋아한다. 그런데 그 한의사도 내 안해를 꽤나 좋아하는 게 아닌가 싶다. 한 번은 안해에게 뜬금없이 전화를 하더니 "약을 좀 지어 놓았으니 와서 가져 가시라."고 하더란다. 그리고 약값도 받지 않더란다.

안해는 드디어 나에게 이런 말까지 했다.

"나는 우리 남편이 그 한의사 같은 사람이면 참 좋겠다는 생각이 가끔 들더라."

며칠 뒤, 그 한의사를 만나 "내 안해가 말하기를, 내가 당신 같은 사람이면 참 좋겠다는 생각이 가끔 든다고 하던데."라고 했더니 그는 크게 웃으며 말했다.

"우리 집사람은 나한테 그러던데. 하 선생 반만큼이라도 따라가라고."

그러니, 이 실속 없는 남편들이 밖에 나가서만 좋은 사람 행세를 하며 사는 것은 아닌지….

석유가게 사장님

　아들 아이는 게임을 마치 '연구' 하듯 한다. 내가 보기에는 공부가 훨씬 더 쉽겠더라만 용돈을 톡톡 털어 깨알 같은 글씨가 빽빽이 박힌 책들을 사서 열심히 본다.

　나도 가끔 교회에서 예배시간에 아들 아이와 같이 킥킥거리면서 보다가 목사님께 혼쭐이 난 적도 있었다. 성탄절 하루 전 일요일에도 아들 아이가 "아빠 이거 보셔요"라고 페이지를 펼쳐 보여 주는데 '수라장' 이라는 이름의 네 컷짜리 만화 네 편이었다.

　굴뚝으로 내려오는 산타 할아버지를 레이저포로 쏴 죽이고, 아래위에서 프레스로 압착시켜 죽이고, 굴뚝 공기를 모두 빼 진공 상태로 만들어 아홉 구멍에서 피를 토하게 해 죽이고, 마지막에는 '방어선을 돌파' 하고 집안으로 들어오는 데 성공한 산타 할아버지를 기어이 권총으로 쏴 죽이는 '엽기만화' 가 아닌가.

아무리 돈을 버는 것도 좋다지만 도대체 아이들 정서를 뭐로 만들어 버리려고 이따위 잔인한 만화까지 다 그렸을까 싶어서 잔소리를 했더니 아들 아이가 "그 옆에 설명을 보시라구요."라고 한다. 그 옆에 쓰여 있는 작가의 'free talk'는 다음과 같았다.

"탐욕스런 자본가에 의해 만들어진
산타라는 족속 때문에,
해마다 이맘때가 되면
선물을 받을 수 없는 계급에 속한
얼마나 많은 아이가,
선물을 받을 수 있는 계급에 속하는
아이들을 부러워하며 슬퍼할 것인가.

착한 아이들에게만 선물을 준다는 설정도
마음에 들지 않는다.
모든 아이들은 착하다.
착하지 않은 아이란 애초부터 없다.
누구를 위한 '착한 아이'인가.
선물 따위 알량한 미끼로

순수한 아이들의 자유와 개성을 억압하고 노예화하는 산타는
용서할 수 없는 존재인 것이다.

착한 아이여, 총을 들어라.
그리고 너의 방 창문을 두드리는 산타를 향해 쏴라."

허, 거 참. 일리 있다 할밖에…
 그 만화를 그린 사람은 아마도 80년 5월에 나를 숨겨주었던 석유가게 사장님처럼 '부자에 대한 적대감'을 가진 사람이지 싶다.
 80년 5월에 나는 수배된 학생이었는데, 천만다행이도 부천 원미동의 석유가게에 취업해 석유 배달을 하면서 두 달 동안이나 잘 숨어 있었다. 양귀자 씨가 쓴 소설 '원미동 사람들'에 나오는 바로 그 동네였다. 13평짜리 주공아파트 단지 건너편에 나란히 있는 전파사, 석유가게, 책방, 복덕방, 양복점, 슈퍼마켓 중에서 바로 그 석유가게가 내가 일했던 곳이다.
 생면부지의 석유가게 사장님은 수배된 학생인 것을 알면서도 나를 받아주었다. 길거리에 내 수배전단이 붙어있었고 한 달 넘게 잡히지 않았더니 나중에는 사진 크기도 두 배나 커지고 현상금도 두 배로 늘었다. 다방에 석유 배달을 가보면 입구 벽에 내 수배 전단이 붙어 있

었지만 나와 농담 따먹기를 할 만큼 친해진 다방 종업원들도 내가 그 사진의 주인공이라고는 전혀 짐작하지 못했다. 전단으로 사람을 잡는다는 건 정말 거의 불가능하다. (그때 수배전단의 내 사진 밑에 '미남형'이라고 쓰여 있었다는 '가문의 전설'이 전해 내려온다. 믿거나 말거나.)

나보다 나이가 댓살쯤 위인 그 석유가게 사장님은 국민학교 4학년 때 '세상이 너무 불공평하다'는 걸 몸서리치게 느꼈단다. 부자는 어마어마하게 부자이고 가난한 사람은 지지리 가난하고, 부잣집 아이들과 가난한 집 아이들은 먹는 음식도 다르고, 입는 옷도 다르고, 학교에 가면 선생님이 대하는 것도 너무 다르고. 같은 인간이 어떻게 이럴 수가 있는가?

4학년짜리 꼬마는 그 불평등을 더 이상 참을 수 없었다. 그래서 자신이 생각하는 '이 세상에서 가장 높은 곳 - 군청'에 찾아가 투서를 했다. 국민학교 4학년짜리가 군청에 한 그 투서의 첫 줄은 이렇게 시작되었다.

"백성은 도탄에 빠졌다."

그 다음날부터 정보과 형사들이 집에 들이닥치더니 "배후를 대라."고 다그치더란다. 절대로 국민학교 4학년짜리가 쓸 수 있는 내용이 아니라는 것이었다. 그런 경험이 있는 사람이니 나를 이해하고 두말없이 받아 주었던 것이다.

예나 이제나 나는 '사람 복'은 있다. 더 늦기 전에 그 '은인'을 한번 찾아뵈어야지.

고무장갑 할인 판매

늦은 점심을 먹으러 '백반'이라고 써 붙인 허름한 식당에 들어갔다. 점심때가 훨씬 지난 시간이어서 손님이 별로 없다. 자리에 앉아 음식을 기다리는데, 허름한 차림새의 노인이 커다란 보따리를 하나는 메고 하나는 손에 든 채 불편한 걸음걸이로 힘겹게 문 사이를 비집고 들어선다. 동냥을 하러 온 행려자인가 싶었는데, 주인 아주머니와 반갑게 인사를 나눈다.

"안녕하세요? 뭐 필요한 것 없어요?"

불편한 걸음걸이와 달리 할아버지의 말씨는 아주 활기에 차 있다.

"오늘은 고무장갑 두 켤레 하구요. 철수세미 두 개만 주세요."

할아버지는 커다란 보따리를 열어 고무장갑을 꺼내며 말했다.

"마침 고무장갑을 할인 판매하고 있습니다."

"지난번에도 할인 판매를 하셨는데 거기서 또 할인 판매를 하시면 할아버지는 뭐가 남아요?"

할아버지는 허리를 펴고 일어서더니 고무장갑을 든 손으로 불편한 허리 뒷부분을 받치면서 말씀하신다.

"에… 우리 영세업자들을 보호함과 동시에, 그동안 저를 도와준 분들의 은혜를 갚고자…. 에이, 이 참에 철수세미도 두 개에 천 원만 받을랍니다."

할아버지는 식탁 위에 고무장갑 두 켤레와 철수세미 두 개를 꺼내 놓았다. 식당 아주머니가 돈을 드렸고, 할아버지가 거스름돈을 찾느라고 주머니를 뒤적이는데 식당 아주머니가 할아버지의 두 손을 감싸 쥐며 말한다.

"그냥 다 받으세요."

그래도 할아버지는 부득불 거스름돈을 꺼냈다. 식당 아주머니는 할아버지 두 손을 꼭 모아 쥐고 할아버지를 문 쪽으로 떠밀어 내며 말했다.

"그냥 제값 다 받으셔도 가게에서 사는 것보다 할아버지한테 사는 게 훨씬 싸니까요. 다른 식당에서도 모두 할아버지 물건 사 줄 거예요."

할아버지는 식당 문에 선 채 엉거주춤한 자세로 말씀하신다.

"돈보다도… 그 마음이 정말 고맙구먼. 에… 어디까지나 우리 영세업자들끼리 서로 돕고 살자는 뜻으로 할인 판매를 하는 것인디…."

할아버지는 다시 무거운 보따리를 하나는 어깨에 메고 하나는 손에 든 채 불편한 걸음으로 건물 모퉁이를 돌아 사라졌다.

국민의 피땀 어린 돈 6조 원을 꿀꺽 삼켜버린 한 재벌 사건에 대한 청문회가 처음 열리던 날의 일이었다.

김동기 선생님

광주 '통일의 집'에 살고 계신 비전향 장기수 김동기 선생님을 나는 한 번도 직접 뵙지 못했다. 엠네스티가 선정한 세계 최연소 장기수였던 후배 강용주 어머니의 칠순 잔치 자리에서 광주에 살고 계신 장기수 어르신 몇 분을 직접 뵌 적이 있었고, 혹시 그 중에 한 분인가 짐작했었으나, 김동기 선생님이 33년간의 옥살이를 마치고 출소한 것은 그 칠순 잔치보다 훨씬 뒤인 1999년 2월 25일이었다니, 나는 그 분을 한 번도 뵙지 못한 것이 확실했다.

우리들이 '광주 언니'라고 부르는 후배 기자가 장기수 어르신들을 자주 뵈었는데 김동기 선생님에게 나에 관한 이야기를 몇 가지 말씀 드렸더니, 평양에서 의사 일을 하고 있는 나의 고모가 김동기 선생님의 사촌동생과 의과대학 동창일 거라는 말씀을 하셨고, 이제 얼마 뒤 북녘으로 가게 되면 그 고모를 한 번 찾아보겠노라고 하셨다는 말을 전해 들었다.

나는 아버지께, "김동기 선생님을 통해 그 고모를 한번 적극적으로 찾아보지요"라고 말씀드렸으나 마음 착하고 고지식한 교육공무원으로 평생을 보내신 아버지는 "평양에서 잘 살고 있다는 누이동생에게 누를 끼치는 일이라도 되면 어쩌냐"면서 마다하시는 것이었다.

이 모든 얘기들을 나는 김동기 선생님과 직접 나눈 적은 한 번도 없었고 광주에 있는 그 후배가 중간에서 말을 몇 번 전했을 뿐이었다.

장기수 어르신들이 북녘에 올라가기 전에 "경주를 한 번 보고 싶다"고 하셔서 사람들이 조촐한 여행을 준비했고, 그 여행에 나도 동행을 허락 받아 후배가 관광버스 귀퉁이에 내 자리도 하나 어렵사리 마련해 주었으나 나는 다른 일정과 겹쳐 그 짧은 여행에 함께하지 못했다. 김동기 선생님을 뵐 수 있는 기회를 놓쳐버렸다는 생각에 두고두고 아쉬웠다.

장기수 어르신들이 북녘으로 가기 위해 서울에 올라와 마지막 밤을 지낼 때 뵙자고 마음먹었으나, 그날도 나는 다른 수련회 일정 때문에 지방에 내려갔다가 우리의 '악동' 정태인이 진행하는 CBS '시사자키' 출연 시간에 맞춰 허겁지겁 서울로 올라와야 했고, 결국 김동기 선생님을 뵐 수 있는 마지막 기회를 놓쳐버린 셈이 되고 말았다.

그런데, 내가 출연하는 그 시간 앞 부분에 김동기 선생님의 전화 인터뷰가 10분 가량 들어가도 괜찮겠느냐고 담당 PD가 양해를 구하는 것이 아닌가. 아, 이것이 무슨 천재일우의 기회인가.

　비전향 장기수 어르신들이 북녘으로 가기 직전에 짐을 검색하는 과정에서 작은 사건이 생기는 바람에 김동기 선생님과 전화 인터뷰를 10분 가량 했다는 것이었다.

　나는 천만 다행스럽게도 김동기 선생님의 인터뷰 음성을 녹음할 수 있었다. 북녘에 올라가거든 자기 가족을 한번 찾아봐 달라고 사람들이 전해 준 명함들과 연락처를 기록한 메모 쪽지를 정부의 기관원들이 모두 빼앗아 찢어 버렸다면서 "정부에 정식으로 사과를 요구할까 하는 생각도 있었지만, 이제 우리가 돌아가는 마당에 뭐 그렇게까지 할 거야 있나 싶어서, 정부에 공개적인 사과를 요구하지는 않기로 했습니다."라는 그 분의 목소리를 나는 지금까지 열 번도 더 넘게 들었다.

　파업을 벌이고 있는 '동광주병원'의 노동자들을 만나러 광주에 내려갔다. 노동자들은 병원 로비의 콘크리트 바닥에 얇은 스티로폼 한 장 깔고 한 달 넘게 버티고 있었다.

　광주에 내려간 김에 후배 '광주 언니'를 만나 차 한 잔 마셨는데, 후배가 책을 한 권 내밀면서 말했다.

　"하 선배가 언제든 광주에 내려오면 주라고, 김동기 선생님이 남기고 가셨어요."

'새는 앉는 곳마다 깃을 남긴다', 33년간의 감옥 생활과 1년여의 짧은 사회 생활을 통해 느낀 점들을 기록한 김동기 선생님의 책이었다. 선생님이 출소 뒤 틈틈이 쓰신 글을 우연히 보게 된 후배가 밤을 꼬박 새며 그 글을 다 읽은 뒤에 "사람들에게 보여줄 만한 것인지 염려된다"면서 마다하는 선생님께 "이런 글은 여러 사람이 나누어 읽어야 한다"면서 조르고 졸라 결국 출판하도록 했다는 바로 그 책이다.

표지를 펼치니 책 속표지에 김동기 선생님이 친필로 쓰신 내 이름과 그 분의 사진 한 장이 눈에 확 들어온다. 단 석 줄밖에 안 되지만 '하종강님에게, 2000년 8월 2일 김동기 드림'까지 읽는 동안 나는 목이 메었다. '새는 앉는 곳마다 깃을 남긴다' 더니… 정말로 그랬다.

이럴 때 나는 무척 송구스럽다. 오래 전, 어느 농민회 회장님이 "하동지"라고 부르면서 내 손을 잡았을 때, 평생을 농부로 살아온 그 분의 두터운 손에서 느껴지던 강한 느낌과 그 손에 폭 파묻힌 내 작은 손의 왜소함이 오래도록 남은 적이 있었는데, 그때도 바로 그랬다.

마치 컴퓨터처럼 한 번 들은 이야기는 거의 잊지 않으신다는 김동기 선생님이셨다. 감옥에서도 책 몇 권 분량은 줄줄 외우고 계셔서 일단 그 분이 책을 한 번 읽기만 하면 책을 반납한 뒤에도 사람들이 두고두고 세미나를 할 수 있었다고 하지 않던가.

김동기 선생님은 내 이름을 결코 잊지 않으시리라. 내가 경주 여행

길에 함께 간다고 했다가 그 약속을 지키지 못한 놈이라는 것과 서울에서 마지막 밤을 보내러 올라오셨을 때도 찾아 뵙지 못했다는 것도 절대로 잊지 않으시리라.

나는 평생 갚아야 할 빚이 하나 더 늘었다.

해마다 5월이 되면

1980년 5월, 그 아이는 일곱 살이었습니다. '민주화의 봄'이라고 불리던 그 절박한 상황 속에서 그 아이는 아버지를 잃었습니다.

어렵게 다시 시작한 학교 생활에서 그 아이는 언제나 모범생이어야 했습니다. 편모슬하, 결손가정이라는 딱지가 붙어 있는 그에게는 조금의 잘못도 허용되지 않았습니다. "저 애는 결손가정이라서…"라는 손가락질을 받는 것이 그 아이는 가장 싫었습니다.

골목에서 동네 아이들과 싸웠습니다. 어린 아이들끼리 똑같이 치고 받는 고만고만한 싸움이었는데, 친구 아이의 엄마가 나와서 눈을 흘겼습니다. "애비 없는 자식은 어쩔 수 없다니까…" 그 한마디가 그 아이에게는 화살이 되어 가슴에 박혔습니다.

집에 왔을 때, 어머니는 그 아이를 가슴에 품고 말했습니다. "똑같이 잘못을 해도 네가 더 나쁜 애가 되는 걸 왜 모르니…" 그 날, 그 아이는 어머니의 눈에서 파란 불꽃을 보았습니다.

그 아이는 언제나 일등을 해야 하고 모범생이어야 한다는 굴레를 스스로 만들어 자기의 인생에 씌웠습니다. 사회가 한부모 가정의 어린이에게 편견을 가지고 있는 한, 그 아이는 어쩔 수 없이 모범생이어야 했습니다.

겨우내 얼어붙었던 땅에도 봄이 오고, 해마다 5월이 다시 오면 소리 없이 스러졌던 그 아이의 아버지는 흰 빛 꽃잎이 되어 그 아이의 가슴 속에 또 하나의 목련을 피웠습니다. 그것은 기쁨처럼 환하게 아침을 여는 설레임의 꽃이 아니었습니다. 5월의 슬픈 함성으로 한 잎 한 잎 떨어져, 사람들의 가슴에 아픔으로 피어나는 순결한 꽃이었습니다. 해마다 5월이 되면, 그 아이의 아버지는 눈부신 흰 빛으로 다시 피어났습니다.

동그란 얼굴에 웃음이 방글거리는 보통의 아이들처럼 자라지 못했지만… 겨울나무처럼 숫기 없는 모습으로… 황새 같이 긴 다리로 성큼성큼 세월을 건너 뛰면서도… 그 남자가 평생 동안 모범생으로 살아갈 수 있었던 것은, 5월마다 꽃으로 다시 피어나는 아버지 때문이었습니다.

그 남자는 해마다 5월이 되면 흰 옷을 정결히 갈아입고 아버지의 무덤에 가서 눈부시게 흰 꽃을 놓아 드릴 것입니다. 그 꽃은 살아 있는 사람을 부끄럽게 하고 마냥 푸른 하늘도 눈물짓는… 5월의 꽃입니다.

해마다 5월이 되면, 우리들의 가슴속에 새로 피어나는 눈부신 5월 꽃을 기억하면서, 오늘 〈하종강의 노동과 꿈〉을 시작합니다.

위 글은 오래 전 '오월 문학상'을 받은 중학생 시인 박용주와 '오월의 노래' 이미지를 엮어 방송 원고로 고쳐 쓴 것이다. 살아 있는 사람을 부끄럽게 하는 박용주의 시는 아래와 같다.

목련이 진들

- 박용주 -

목련이 지는 것을 슬퍼하지 말자
피었다 지는 것이 목련뿐이랴
기쁨으로 피어나 눈물로 지는 것이
어디 목련뿐이랴
우리네 오월에는 목련보다
더 희고 정갈한 순백의 영혼들이
꽃잎처럼 떨어졌던 것을
해마다 오월은 다시 오고

겨우내 얼어붙었던 이 땅에 봄이 오면

소리없이 스러졌던 영혼들이

흰 빛 꽃잎이 되어

우리네 가슴 속에 또 하나의

목련을 피우는 것을

그것은

기쁨처럼 환한 아침을 열던

설레임의 꽃이 아니요

오월의 슬픈 함성으로

한잎 한잎 떨어져

우리들의 가슴에 아픔으로 피어나는

순결한 꽃인 것을

눈부신 흰 빛으로 다시 피어

살아있는 사람을 부끄럽게 하고

마냥 푸른 하늘도 눈물짓는

우리들 오월의 꽃이

아직도 애처러운 눈빛을 하는데

한낱 목련이 진들

무에 그리 슬프랴

희경, 성란, 경숙

지하철을 타고 외출하려고 했는데 비가 왔다. 그래도 지하철을 타기로 했다. 우산을 쓰고 모처럼 쫓기는 일 없이 뉘엿뉘엿 걸었다. 우리 동네에 새로 생긴 지하철 역사는 우리 나라가 아니기라도 한 것처럼 산뜻하고 쾌적했다. 유리벽 안에서 일하고 있는 말끔한 제복의 직원들은 그 세련됨이 마치 항공기의 승무원들 같다.

지하철에서는 옆자리의 여자가 ○희경의 소설을 읽고 있었다. 어렵사리 훔쳐보니 작가 후기에 써 있기를 "여름의 시간과 가을의 시간이 섞여 있을 때 이 소설을 썼다. 이 소설을 다시 읽는 것으로 가을을 다 보냈다." 내 기억이 꼭 정확하지는 않지만 대충 그런 내용이었다.

점심시간에 맞추어 친구를 찾아갔다. 나를 만나기 전에 벌써 식사를 끝냈던 친구는 커피를 마셨고 나는 오므라이스를 먹었다. 기분 좋은 점심을 함께 할 친구가 있다는 것은 얼마나 큰 행복인가….

민주노총과 한겨레문화센터에서 일을 마치고 나오는 길에 책방에 들려 ○경숙과 ○성란의 얼굴이 표지에 보이는 소설을 각각 한 권씩 샀다.

○성란의 작가 후기에는 이런 글이 보였다. "이 책에 수록된 단편들을 쓰는 동안 봄이 왔고 여름, 가을이 지났고 겨울이 왔다. 그동안 계절을 잊고 지냈다."

○경숙의 수상 소감에는 또 이런 표현이 있었다. "수상 소식을 전해 듣는 저녁에 눈이 내렸다. 참 조용히도 내리시는 눈을 오래 바라보았다."

왜들 이러나, 계절 이야기 말고는 할 말들이 없기라도 한 것처럼. '세기말' '새천년'을 운운하지 않은 것만으로도 오히려 다행인가. 그래서 어떻다는 것인가.

교양과 정서가 철철 넘치는 뭇사람들에게 묻고 싶다. 계절이 그렇게 바뀌면 배고픈 사람들이 따뜻한 밥 한 그릇이라도 더 먹을 수 있다는 것인가, 이 땅의 고통 받는 이웃들이 조금이라도 더 행복해진다는 것인가, 나는 모르겠다. 그러니까 나는 영원한 구세대다. 386도 못 되는 475세대다. 아니다. 벌써 575세대가 됐다.

또 다른 휴가보고서

휴가라고 특별히 가족들과 함께 산이나 바다로 나들이를 해 보지 못한 채 여러 해를 살았다. 그 무렵 우리 주변의 사람들은 대부분 그렇게 살았다.

아들 아이가 어릴 적에 사 준 수영 팬티를 결국 한 번도 물에 적셔 보지 못한 채 작아져 못 입게 되었을 때, 안해는 그 수영 팬티를 다른 옷들과 함께 정리하면서, 물장구 한번 쳐보지 못하고 자라는 아들 녀석을 생각하느라 얼굴 표정이 굳어졌다. "아이들이 아빠를 잘 못 만나서 해수욕 한번 못 해 보고 자란다"고 했다. 그래서 이번 여름 휴가 기간에는 '죽어도 가족들과 함께 시간을 보내겠다'고 가족들에게 굳은 약속을 했다.

휴가 며칠 전, 전주의 어느 제과회사 노동조합에 가서 교육을 해야 한다는 연락을 받았다. 총선이 끝나자마자 노조위원장이 1년도 더 지난 옛날 일을 이유로 구속되었다고, 매우 긴박한 상황이라고 했다. 그런데 교육 날짜가 내 휴가 일정과 딱 겹치는 것이다. "이번에는 정말 사정이 있어서 곤란하다"고 하니 한 노동단체의 실무자를 만나 해결하라고 했다.

약속한 날 아침 일찍 약속 장소에서 가 기다리고 있는데, 만난 지 3년도 더 된 여자 후배가 들어오는 거다. 아하, 저 친구로구나.

"네가 기냐?"

"형이 바로 그 강사유? 휴가 기간이라서 교육하러 갈 수 없다는 한가한 소리했다는, 죽여 주네."

나는 딴청을 부렸다.

"네가 그 동네 어디쯤에서 일할 것 같아서 수배해 둔 지 한참 되긴 했다만. 언제부터 거기서 일했냐?"

"벌써 한 2년 되었지요."

"그런데 왜 이제야 만나게 되는 거야? 참 알 수 없네."

"안 만나고 살아도, 이 땅의 민주화에 하나 지장 없잖아?"

"(할 말 없음)…… 결혼은 했냐?"

"아니요, 아직."

"요즘도 산에 열심히 다니고?"

"시간이 워낙 없어서… 우리 생활이 원래 그렇잖우."

어쩌구하면서 떠들다가 결국 "전주에 가겠다"고 약속하는 수밖에 없었다. 그 후배는 오래전 내가 성격이 좀 애매모호한 연구소에서 '어엿한' 연구원으로 일하고 있을 때 찾아 오더니 '새로 생긴 지하철공사 노동조합에 사환 자리가 하나 났는데, 다 말해놨으니 빨리 사표 내고 거기 취직해라. 월급은 쥐꼬리 만큼밖에 안 되겠지만 능력을 발휘하기에 따라 우리나라 노동운동에 막대한 영향을 미치는 매우 중요한 자리가 될 거다'라고 윽박질러 나를 아주 곤란한 지경에 빠지게 한 적도 있을 만큼 나에게는 만만치 않은 존재였다. 헤어지면서 후배가 다짐했다.

"형, 갔다 와서 교육 보고서 철저히 써 내야 된다."

이제 가족들을 어떻게 설득한다? 고민하다가, 하는 수 없이, 집에 들어가 나는 안해에게 말했다.

"여보, 이번 여름 휴가를 전주로 갑시다."

물어물어 찾아간 전주 어느 제과 공장의 노동조합 사무실에 들어서니 조합 간부들이 마치 여자 스님들처럼 머리를 삭발한 채 우리 가족을 맞았다. 위원장이 집시법 위반으로 구속되자, 위원장 석방 투쟁의 결의를 더욱 다지기 위해 바로 다음날 조합원 총회를 열어 임원들의 삭발식을 치렀다고 했다.

150명 쯤 되는 인원이 회사 구내식당에 편하게 모여 앉은 가운데

슬라이드 상영과 강의를 했다. 커튼이 없어서 과자 봉지를 수백 장이나 유리창에 붙여 햇빛을 가렸다. 안해와 아들 아이도 구석 자리에 앉아 두 강의를 모두 들었다. 가족들과 함께 올 수밖에 없었던 사정을 좀 과장되게 설명하자 조합원들이 우레와 같이 박수를 쳐주어 어찌나 머쓱하던지….

교육장은 찜통같이 더워서 아들 아이 등허리에 땀띠가 솟았을 정도였고, 교사인 안해가 보기엔 산만한 분위기였다지만, 한 마디로 '살아 있는' 노동조합이라는 걸 온 몸으로 느낄 수 있었다. 교육이 끝난 뒤, 전주비빔밥으로 융숭한 저녁식사 대접을 받았다. 서울에서 내려 온 강사들을 지역에서는 '전국단위 강사'라고 부르면서 깎듯이 대접할 때가 있다. 지역 실정에 맞지 않는 헛소리나 하다가 가기 일쑤인데도….

자세히 보니 노조 간부들이 비록 머리는 깎았지만 모두 '한미모' 하는 인상들이다. "비구니가 고기 먹고 싶어 사복 입고 왔는 줄 알까 봐, 화장을 좀 진하게 했지요."라고 위원장 직무대행이 말했다.

돌아오는 차 안에서 초등학교 1학년인 아들 아이 지운이에게 물어 보았다.

"아빠가 사람들에게 한 이야기 중에 기억나는 거 있으면 말해 봐."

"없어요."

"그러지 말고 잘 생각해 봐."

"없다니까요."

요놈 봐라. 그렇다고 그냥 물러설 내가 아니지.

"세 가지만 말하면, 네가 갖고 싶어하는 거 사줄게."

"정말요? 음, 어떤 아저씨가요, 법을 지키라고 하면서 자기 몸에 불을 질러서 죽었다는 거요. 그리고 또… 걸레에 불이 붙었는 줄 알았는데 사람이 타고 있었다는 거요. 그리고 또… 에이, 생각 안 나네. 슬라이드 본 것 중에서 말해도 돼요?"

"그럼."

"광주에서 군인이 사람들을 많이 죽였다는 거요. 됐지요? 나 그럼 손오공 놀이 카드 사 줘요. 히…"

짜식, 그래도 열린 귀라고.

다음날, 광주까지 내려가 망월동 묘역에 들렸다. 저녁에 여관방에 누워 잠을 청하면서 아들 녀석에게 물었다.

"오늘 망월동에 가서 보고 느낀 점 뭐 없어?"

"너무 너무 덥다는 걸 느꼈어요. 더워서 죽는 줄 알았어요."

이런 녀석 봤나. 역시 그렇다고 포기할 아빠가 아니지. 나는 또 물어 보았다.

"망월동에 묻혀 있는 사람들이 좋은 사람들일까, 아니면 나쁜 사람들일까?"

지운이는 누워서도 열심히 부채질을 해 대며 답했다.

"나쁜 사람들이었으면 우리가 거기를 뭐하러 가요? 전두환 같은 사람한테나 나쁜 사람들이겠지요"

옆에 누워 있던 안해가 말했다.

"완전 우문현답이구만. 그런데 지운아, 그런 말 다시는 하지 마라. 연말께 전·노가 회동하고 세력을 규합해서 다시 득세할 거라는데."

역시 대단한 '공안정국' 이야….

우산처럼 양산처럼

공수부대 출신의 유난히 과격한 노동자가 있었다. 천만 다행스럽게도 어용 노조 집행부에 대항하는 우리 편이었다. 어용 노조의 집행부가 못된 짓을 하기 위해 지리산 자락에서 조합원들 몰래 대의원대회를 소집한다든가 하면 그는 군화를 신고 바지 자락 끝을 고무줄로 단단히 조인 차림으로 회의 장소에 나타나곤 했다.

한번은 어용 노조가 동원한 '구노대'(이런 단어를 들어본 적이 있으신지. 어용 노조 집행부를 지켜주기 위해서 회사가 단체로 휴가를 줘서 내 보낸 일단의 직원들을 부르는 말이다.)와 육탄전이 벌어졌는데 그는 정말로 우리 대오의 맨 앞에서 스무 명 정도의 구노대원들을 간단히 치고 나가면서 순식간에 단상을 점령해 버리는 것이었다. 찢겨진 그의 옷 사이로 드러난 가슴에는 온통 칼 자욱이었다.

며칠 전 다녀 온 노동교육 프로그램에는 그 노동자도 참석했었다. 분임 토의를 한 뒤 내용을 발표하는 시간이 되었다. 각 분임조마다 구호와 노래를 하나씩 만들고 조직 강화 방안에 대한 토의를 한 뒤 그 내용을 발표하기로 했다. 그가 속한 분임조의 노동자들이 토의 결과가 쓰여진 커다란 모조지 두 장을 들고 앞에 나와 섰을 때 사람들은 모두 웃었다. 그 분임조의 구호가 유난히 색달랐기 때문이다.

"비 온 날은 우산처럼, 맑은 날은 양산처럼!"

누가 더 살벌한지 시합이라도 하는 것처럼 과격하기 이를 데 없는 다른 조의 구호들 속에서 마치 초등학교 교과서에나 나올 법한 '아롱다롱 무지개' 같은 그 구호가 유난히 돋보이기도 했지만, 앞에 나와 떡 버티고 서 있는 그 노동자의 인상과 어찌도 그리 안 어울리던지.

분임조의 조장이었던 그 노동자가 구호의 내역을 설명하기 시작했다.

"글자 그대로입니다. 오늘처럼 억수로 비가 퍼붓는 날은 우산이 되어 비를 막아 주고, 해가 쨍쨍 내리 쬐는 날에는 양산이 되어 뜨거운 햇볕을 막아 주는, 조합원들을 위해 끝까지 희생하는 노조 간부가 되겠다는 뜻입니다."

노동자들이 팔을 치켜들고 구호를 외치기 시작했다.

"비 온 날은 우산처럼, 맑은 날은 양산처럼! 양산처러어엄! 양산처럼! 확실하게 양산처럼!"

우락부락하기 이를 데 없는 그가 열심히 구호를 외치는 모습. 나는 다시 살아나 우리 앞에 선 임꺽정을 보았다.

크리스마스 카드에 관한 기억

 크리스마스 카드는 보내지도 말고 받지도 말자는 게 평소의 내 주장인데, 그것은 어쩌면 카드를 보내는 일조차 제대로 챙기지 못하는 게으름을 비겁하게 합리화하는 것일지도 모른다. 오래 전에 받았던 크리스마스 카드에 관한 기억.

 강경대 치사 규탄 집회에 참석했다가 시청 뒷골목에서 직격 최루탄을 맞고 화상을 입은 여성 노동자를 알게 되었다. 정부를 상대로 손해배상을 청구하려고 하는데 그 일을 도와줄 수 없겠느냐고 했다. 당연히 도와야지. 그게 내 일인데.
 그런데 그 이를 알고 지낸 지 수 개월이 되도록 나는 한 번도 그 이가 웃는 것을 보지 못했다. 함께 식사를 한 적도 있었지만, 농담 한 마디라도 건넬 수 있는 짬을 도무지 내 주지 않아서 억지로 웃겨 보지도 못했다. '곁을 내 주지 않는다' 는 게 바로 이런 것이로구나. 생각대로 올곧게 살아가지 못하는 지식인이 치열하게 사는 노동자를 만날 때 당연히 느끼는 열등감 때문이었겠지만 '아하, 이 노동자는 나를 무시하는구나.'라고 결론 짓는 수밖에 없었다. 그러면서도 일이 있어 띄엄띄엄 만났다.

그 해 연말 성탄절 무렵, 그 이로부터 크리스마스 카드를 한 장 받았다. 우편엽서 뒷면에 정성스럽게 그림을 그려서 그걸 다시 봉투에 집어넣어 보낸 것이었다.

"감사한다는 말을 늘 하고 싶었습니다.
그러나 고맙다는 말보다는 노동자로서,
이 땅 민중의 자식으로서 더 열심히 사는 것이
진실로 고마움을 갚는 것이라고 생각합니다.
…(중략)…
이 엽서는 오늘 하루를 꼬박 걸려 제가 만든 겁니다."

아, 그랬었구나. 나를 무시하거나 싫어한 것은 아니었구나. 화상으로 흉하게 얼룩진 가슴을 안고 평생 동안 살아가야 할 사람에게 헤픈 웃음을 기대했다니…. 나는 참으로 부끄러웠다.

그 카드를 받았던 날 오후 마침 그 이에게서 전화가 왔다.

"카드 잘 받았습니다. 하루 종일 걸려서 만들었다는 거요. 참 고맙습니다."

"아, 그거요? 카드를 전부 다 만드는데 하루 종일 걸렸다는 뜻이에요."

"그래? 난 또 내 카드 하나 만드는데 하루 종일 걸렸다는 줄 알고…. 괜히 좋아했잖아."

내 말을 듣고 그 이가 까르르 웃었는데, 그 이를 알고 난 뒤 처음 듣는 웃음소리였다.

수개월 뒤, 나는 그 이로부터 썩 좋은 '우리 옷'을 한 벌 선물 받았다. 그 이가 대표로 있는 해고된 봉제 노동자들이 만든 단체 '옷을 만드는 사람들'(사람들은 줄여서 '옷만사'라고 불렀다.)에서 어느 날 회의를 하다가 "하 선생님이 한복 입고 앉아서 노동상담하면 어울릴 거라고 생각하는 사람 손 들어 보라."고 했더니 모두들 손을 들더란다. 그래서 여러 사람의 정성을 모아 마련했다고 한다.

아무리 추운 날이라도 그 옷을 입고 앉아 있으면 마음마저 따뜻해지는 걸 느낄 수 있다.

지금처럼 개량된 '우리 옷'이 유행하던 때가 아니어서 그 옷을 입고 나가면 사람들이 모두 한 번씩 쳐다보곤 했다. 아는 사람들은 모두

"보기에 좋다."고 한 마디씩 했다. 어떤 짓궂은 여자 후배는 "오줌은 어디로 누느냐?"고 궁금해하면서 내 옷을 샅샅이 뒤지는 시늉을 하기도 했는데, 그 옷은 썩 편리하게 잘 만들어져 고이춤에 작은 지퍼가 하나 달려 있었다. 전혀 불편하지 않았다.

그 소송을 진행하는 과정에 '증인' 문제가 벽에 부딪혔다. 최루탄이 직격으로 날아와 그 이의 가슴에 맞고 터졌다는 당시의 상황을 증언해 줄 사람이 필요했다. 당연히 상대방은 "원고의 주장만 있지 입증이 없다."고 버텼다.

그 이가 다행히 다음과 같은 기억을 떠올렸다. 사람들이 시청 뒷골목에서 지나가는 차를 세워 그 이를 태우고 황급히 세브란스병원 응급실로 떠날 무렵, 어떤 여성이 그 이의 귀에 대고 속삭였다는 것이다.

"내가 모두 봤어요. 혹시 나중에라도 내 도움이 필요하면 '나사청'으로 연락하세요. '나사청' 이에요. '나사청' 세 글자를 꼭 기억하세요."

'나사청'은 '나라사랑청년회'를 줄인 말이다. 우리는 '나라사랑청년회'에 연락을 했다. 2년쯤 전, 모월 모일 모시에 시청 뒷골목에서 이런저런 일을 목격한 사람을 찾노라고. '나사청'에서 드디어 "그 회원을 찾았다."고 연락이 왔다.

그래서, 어느 날 그 이가 그 '나사청'의 회원을 데리고 증인신문을 준비하러 우리 사무실로 왔다. 긴 생머리에 보름달처럼 환한 얼굴을 한 유치원 선생님이었다. 그 증인의 도움으로 우리는 정부를 상대로 한 소송에서 이길 수 있었고, 그 이는 그렇게 받은 배상금의 대부분을 자신이 속한 단체에 기부했다.

직업은?

경찰에 잡혀가 조사를 받아 본 경험이 있는 사람은 다 알지만, 컴퓨터자판을 두드리면서 형사가 묻는 순서는 대개 일정하다.

"이름?"

"주민등록번호?"

"주소?"

"본적?"

대강 이렇다. 언젠가 현대중공업에 가서 교육을 하면서 "6공화국 이후부터는 지역감정을 조장한다는 이유로 본적은 묻지 않는답니다."고 했더니 어느 노동자가 큰 소리로 말했다.

"요즘도 물어봅니다!"

"아, 최근에 다녀오신 모양이군요."

노동자 한 사람이 집회에 참석했다가 경찰서에 잡혀가 조사를 받게 되었다. 조서를 작성하던 형사가 위와 같은 순서대로 다 묻고 나서 다음 질문을 했다.

"직업은?"

"노동잡니다."

일제 시대 순사 시절부터 지금까지 우리나라 경찰은 노동자를 '공원'이라고 표기한다.

"음, 공원이란 말이지?"

"아니오. 노동자입니다."

"그러니까, 공원이라는 말 아냐?"

"아니오. 노동잡니다."

"그게 바로 공원이라는 뜻 아니야. 인마."

"노동자가 맞습니다."

"이거 아주 이상한 놈이네. 노동자가 바로 공원이야."

"그래도 노동자가 더 정확한 말입니다."

"햐, 이 자식 이거… 노동자가 바로 우리 전문용어로는 공원이라고 하는 거야. 인마."

"공원 공원 하지 마십시오. 내가 무슨 '안개 낀 장충단공원' 입니까?"

형사는 결국 조서에 그의 직업을 '노동자'라고 적어 넣는 수밖에 없었다. 열흘간의 구류를 마치고 나온 그가 자랑스레 해 준 얘기다.

노조 간부의 야간근로

다음 날 아침에 해야 하는 강의 준비를 마저 하느라고 저녁 시간 '단결의 밤'에는 참석하지 못했다. 노조 간부들이 시시때때로 내가 묵고 있는 방으로 찾아와 함께 어울리자고 했고 나는 계속 마다했지만 술기운이 적당히 오른 간부들은 막무가내다. 나는 "강사가 품위 없이 조합원들하고 힘께 술 마시고 놀아 버리면 내일 아침 강의할 때 조합원들한테 약발이 안 먹힌다."는 이유까지 대며 끝내 내려가지 않았다.

밤 12시쯤 자려고 누웠는데 조합원 한 사람이 참외를 곱게 깎아서 쟁반에 담아 왔다. 두어 개쯤 집어 먹고 다시 자리에 누웠다. 한 시간 쯤 지났을까, 다른 조합원이 떡을 가지고 올라왔다. "절편은 방금 만든 것이라 아주 부드럽고 맛있는데, 바람떡은 고물이 약간 맛이 갔지만 아직은 먹을 만하다."고 했다. 두어 개 집어 먹고 다시 자리에 누웠다.

곤히 자고 있는데 이번에는 남자 여자 조합원 두 명이 오징어와 음료수를 들고 사이좋게 올라왔다. 문득 강사님이 안 보이시는 걸 깨닫고 올라왔노라고, 술은 안 드신다니 안주라도 드시라고 했다. 잠시 이야기를 나누다가 갔다. 그 조합원들이 돌아갈 때 내가 물었다.

"지금 서로 짜고 이러는 거지요?"

"예? 뭐가요?"

"아, 아닙니다."

다시 잠이 들었는데 잠결에 누군가 나를 보고 있는 것 같은 느낌이 들어 화들짝 놀라 깨어 보니 노조 위원장이 방문을 열고 떡 하니 서 있다.

"제가 신경을 못 써서 죄송합니다. 하 선생님도 같이 계셨으면 좋았을 텐데…."

나는 비몽사몽 눈을 비비며 물어 보았다.

"지금 몇 시나 되었어요?"

위원장이 시계를 들여다보더니 답한다.

"3시 반인데요. 그럼 편히 주무십시오."

나는 다시 자리에 누웠고 아래층에서는 풍물소리가 계속 들려왔다.

다음 날 아침, 강의 시간에 나는 첫 마디로 물었다.

"술 다 깨셨습니까?"

노동자들이 '예!'라고 큰 소리로 답했다.

한 노동자가 손을 번쩍 들더니 말한다.

"강사님, 질문 있습니다."

"강의 시작도 아직 안 했는데, 무슨 질문을…."

"노조 간부가 수련회에 와서 밤새 이야기하면서 술을 마셨으면 이것은 야간근로를 한 것이 아닙니까? 그러니까 오늘은 비번으로 놀아야 한다고 생각되는데, 전문가적 입장에서 하 선생님 생각은 어떻습니까?"

'아, 이거 또 처음부터 강사에게 완전히 엿을 먹이는구나.'

나는 적당히 얼버무리는 수밖에 없었다.

"어서 빨리 노동자가 주인 되는 '노동 해방 세상'을 만들어서 그렇게 되노록 합시다."

오토바이 청년

 노동위원회 조정회의에 참석하러 가는 길이었다. 을지로 6가에서 장충체육관 쪽으로 방향을 바꾸려다가 정지 신호에 걸려 차를 세웠는데, 뒤에서 "꽈당" 소리가 나면서 내 차가 크게 흔들렸다. 급히 차 뒤 창을 돌아다보니 오토바이 헬멧 하나가 창 밑으로 사라지는 것이 보였다.

 얼른 차에서 내려 뒤쪽으로 가봤다. 퀵서비스 일을 하는 청년의 오토바이가 그만 내 차를 받아 버린 것이다. 청년 하나가 내 차 밑으로 거의 절반가량이나 들어가 버린 오토바이를 끙끙거리며 끄집어내고 있었다. 오토바이 앞 부분은 형체도 없이 부서졌고 내 차도 뒤범퍼가 찢어지고 도색이 벗겨졌다.

 "어떻게 된 거예요?"라고 물으니 청년은 "신호가 바뀌는 것을 미처 못 봤습니다."라고 했다. 나는 명함을 주면서 "이런 일을 사리에 어긋나게 처리할 사람은 아니니까 걱정하지 마시구요. 연락처나 적어주세요."라고 했다.

신호등이 바뀌어서 차를 길에 오래 세워둘 수가 없었다. 급히 청년의 신분증을 확인하고 전화번호를 적고 나중에 연락하겠다고 말하고 돌아서는데, 청년이 절뚝거리는 걸음으로 오토바이를 인도 쪽으로 끌고 가면서 낭패한 듯 중얼거리는 소리가 내 귀에 들렸다.

"에이 씨, 한 달 번 거 다 날아갔네."

노동위원회에 도착해 주차장에 차를 세우고 잠시 생각에 잠겼다. 그 청년이 "에이 씨, 한 달 번 거 다 날아갔네."라고 중얼거리던 얼굴이 자꾸 생각났다. 하루에 열 번쯤 뛰면 5만 원쯤 남는다는데 그렇게 한 달 번 돈이 모두 날아간다는 것은 퀵서비스 일을 삼백 번쯤 한 것이 모두 없어져 버린다는 뜻이다.

오토바이 헬멧 속에서 나타난 청년의 머리가 샛노랗게 염색된 것으로 보아 그 청년이 낮에 퀵서비스 일해서 번 돈으로 밤에 신나게 노는데 다 써 버리는 '날라리'일지도 모르지만, 나는 잠깐 고민을 한 뒤 마음을 굳히고 청년에게 전화를 했다.

"제가 알아서 고칠 테니까, 걱정하지 마십시오."

청년은 '이게 무슨 소리인가?' 싶었는지 잠시 머뭇거렸다.

"내 차 내 돈으로 고칠 테니까, 없었던 일로 생각하고 잊어버리세요. 그리고 우리 사무실도 퀵서비스 자주 이용하니까, 나중에 연락하면 그때 좀 싸게 해 주세요."

청년은 "고맙습니다. 정말 고맙습니다."라고 여러 번 말했다. 그리고 신이 나서 "제 오토바이도 많이 부서졌는데 그건 모두 내 돈으로 고치겠습니다."라고 묻지도 않는 말까지 했다.

요즘도 내 차의 찢어진 범퍼를 볼 때마다 "에이 씨, 한 달 번 거 다 날아갔네."라고 낭패한 듯 중얼거리던 청년의 얼굴과 함께 그렇게 하기를 참 잘했다는 생각이 든다.

시내에서 차를 운전하다가 신호등에 걸려 서 있을 때 보면, 정지선에 오토바이가 열 대도 넘게 몰려 있을 때가 있다. 신호가 바뀌기 무섭게 오토바이들은 마치 경주라도 하듯 일제히 튀어나간다. 여러 대의 오토바이들이 부챗살처럼 쫘악 퍼져 나가는 장면은 한마디로 '장관'이다. 퀵서비스 일을 열심히 하며 오토바이를 타고 거리를 달리는 '퀵 라이더'들에게 축복 있으라.

제가 안해 덕에 사람 구실하며 살고 있다는 것을 알 만한 사람들은 다 알고 있습니다. 저를 별로 인정하지 않는 후배조차 "형님, 결혼하신 것만 생각하면 존경스럽습니다."라고 했습니다. 어느 날 안해가 나에게 "생각해 보니까 우리는 서로의 생활에 대해 너무 모르고 있더라"고 한 말을 듣고, 안해에게 전해 주기 위해 내 생활의 일부를 글로 정리하기 시작한 것이 이 모든 기록들의 시작이었습니다.

3장 누워서 깨닫다

아빠, 삐치지나 마셔

여성의 권리에 대한 이야기를 다루는 TV 프로그램에 패널로 몇 번 출연한 적이 있다. 경제활동을 원하는 여성을 상대로 취업 사기 사건들을 다루는 코너가 있는데, 몇 가지의 사기 사건 유형이 소개된 뒤 나는 이런 말을 했다.

"경제활동을 원하는 여성들이 남편과 제대로 상의하지 않는다는 지적이 있는데 대개 주부가 일을 하려고 할 때 우리 사회에서 남자들이 보이는 반응은 두 가지일 겁니다.

경제적으로 형편이 어려운 가정에서는 '내가 지금 돈을 제대로 못 번다고 무시당하는구나.' 그렇게 자존심 상해하고, 중산층 가정에서는 '집 안에서 살림이나 잘하지. 당신이 나가서 뭘 한다고 그래.' 그런 반응을 보인다는 거죠. 이런 것들은 모두 가부장제 이데올로기 때문입니다. 결국 여성은 남편과 의논하기 어려운 상황이 됩니다. 그래서 상의 없이 일을 시작하거나, 일을 하는 도중에 잘못되는 경우에도 남편에게 상의하지 않다가 나중에 일이 커진 다음에야 남편이 알게 되는 경우가 많다는 겁니다. 이런 현상에 대해서 '왜 남편과 상의하지 않았느냐?'고 여성을 탓할 것이 아니라 우리 사회의 남편들이 안해가 그런 얘기를 남편에게 시시콜콜히 할 수 있는 분위기를 왜 가정에서 만들지 못했는지, 반성해 볼 필요가 있다고 봅니다.

저도 지금 이렇게 이야기하고 있지만 아마 집에서 우리 가족들이 이 방송을 보고 있다면 '참 가증스럽다.' 그렇게 느끼고 있을 겁니다."

나중에 우리 집에서 이 프로그램이 녹화된 테이프를 보면서 내 안해는 역시 "참 가증스럽군."이라고 내뱉었고, 딸아이는 "아빠, 삐치지나 마셔."라고 했다. 딸 아이가 삐치지나 말라고 말하는 이유가 있다.

두어 달 동안 내가 가족들에게 너무 무심해서, 무심했을 뿐만 아니라 아주 사소한 일로 가족들 가슴에 상처를 입혀서 사실 우리 집 분위기가 결혼 이후 가장 서먹서먹한 상황이었다. 좋게 표현해서 '서먹서먹' 이지 여름휴가부터 약 한 달 동안 완전히 얼음장 같은 상태였다.

우리 가족들이 나에게 가지고 있는 불만은 사람들이 흔히 짐작하는 것처럼 "가정에 좀 더 충실해라. 해도 너무한 것 아니냐?" 하는 차원은 아니다. 우리 가족들은 적어도 나한테 그런 요구를 하지 않을 정도로 단련은 돼 있다. 비록 우리 집 현관에 남편과 아빠를 규탄하는 대자보가 붙은 적도 있고 내가 그 대자보에 "'일찍 들어오세요'라는 말로 남편을 무능하게 만들지 말자."라고 써 붙이는 것으로 응수하는 일이 벌어지기도 하지만, 우리 가족들은 다른 사람들이 퇴근하는 시간에 더욱 바빠질 수밖에 없는 일을 직업으로 선택하고 그 일을 30년 가까이 하고 있는 가장에 대한 기본적인 이해가 있다고 자부할 수 있다.

우리 가족들이 나에게 하고 있는 요구는 "가족에 충실하지 못하면, 최소한 인격적으로라도 가족들의 존경을 받을 수 있어야 하는 거 아니냐? 사소한 일로 가족들의 마음에 상처를 입히는 행동은 최소한 하지 말아야 할 것 아니냐?" 하는 차원이다. 나도 반성은 많이 하고 있지만, 곰곰 생각해 봐도 사람 되려면 아직 먼 것 같다. 나의 치부를 하나만 드러내자면 그 내력은 이렇다.

'전태일기념사업회'가 청계천 전태일거리를 동판 보도블록으로 덮기 위해서 모금을 하고 있었다. '전태일기념사업회'에 직함을 하나 갖고 있고 매달 적은 액수지만 돈도 내고 있는 나로서는 참여해야 마땅한 일이다. 동판 하나당 10만 원이고 그 동판에 간단하게 원하는 글자들을 새겨 넣을 수 있다. 나는 '노동자는 선(善)이다'라는 한 줄 글과 우리 가족 이름을 집어넣기로 했고 글씨체까지 연습해 두었다.

내가 안해에게 그 이야기를 하며 "오늘 밤에 인터넷뱅킹으로 바로 보내자."고 했더니 안해는 "오늘은 마침 집에 돈이 한 푼도 없는 날이니 며칠 있다가 보내자."고 했다.

나는 집안 살림에 대해서 전혀 아는 바가 없다. 지난달 우리 수입이 얼마였는지, 그 중에 얼마가 남았는지 아니면 모자랐는지, 아이들 학교 등록금이 이번 달에 얼마가 나가야 하는지 솔직히 알고 지낸 적이 없다. 내 수입을 몽땅 안해에게 갖다 주고 필요한 만큼만 받고 있다는 것을 무기로 가정 경제에 철저히 무관심한 잘못을 탕감 받는 것인 양 생각하고 있는 것 같다.

며칠 뒤, 안해가 집에 좀 늦게 들어온 날이었다. 나는 안해가 집에 늦게 들어온다고 잔소리를 하는 좀팽이 남편은 최소한 아니다. 그것은 안해의 친구들도 인정해 주고 있다. 그렇지만 안해가 집에 늦게 들어온 것에 대해 겉으로만 싫은 말을 하지 않을 뿐이지 불만이 없지는 않았던 것 같다. 그날 안해가 좀 늦게 들어와서 책상머리에 앉아 있는 나에게 "전태일기념사업회에 돈 보내야지?"라고 말했을 때, 나는 이렇게 답하고 말았다.

"그건 단순히 돈을 보내는 일이 아니야."

아마 착 깔린 낮은 목소리였을 거다. 그날 뒤 며칠 동안 우리 부부는 대화가 없었다. 안해가 얼마나 자존심 상했을까? 아, 내가 왜 그렇게 말해 버렸을까? 지금은 후회막심이지만 남자들은 이럴 때 안해에게 자기 잘못을 인정하고 용서를 구하는 말을 잘 하지 못한다. 나도 아직까지 사과하지 못했지만, 이 글을 빌어 안해에게 비로소 사과한다. "내가 잘못했소. 당신 자존심이 얼마나 상했겠소. 용서해 주오."

그런데 이런 일이 안해뿐만 아니라 아이들에게까지 최근 한두 달 사이에 몇 번 더 있었다. 내 딸 아이가 나에게 "아빠, 삐치지나 마셔."라고 말한 것은 그 때문이다.

노동운동이나 시민운동이나 진보적인 운동을 하고 계시다고 자부하는 남자 분들, 가족들과 대화 많이 합니까? 가족들과 이야기를 쉽게 많이 할 수 있는 분위기를 만들기 위해서 노력하고 있습니까?

나도 어떻게든 집안 분위기를 좀 회복해 보려고 딸 아이에게 괜히 너스레를 떨며 말을 붙여보았다.

"아빠 머리 스타일 이렇게 그냥 말린 채로 내버려두는 것은 어떨까? 빗질 전혀 하지 않고."

한번 흘깃 쳐다본 딸 아이는 이렇게 말했다.

"응, 괜찮아. 그런데 아무도 아빠 머리에 신경 안 쓰거든. 됐거든!"

나는 또 삐쳤다.

한동안 우리 부부 사이에는 '전태일'에 대해 이야기하는 것이 금기 사항이었다. 안해가 앉아 있는 식탁 앞에 '전태일기념회사업회' 모금 팜플렛이 있길래 내가 어렵사리 "이제 여기 돈 보내야지?" 했더니, 안해 유명선씨 왈…

"아이쿠, 죄송해서 어떻게 돈을 보내나. 거기는 돈 보내는 데가 아닌데…"

그래서 미루다가 마감날 겨우 보냈다.

결혼행진곡

안해와는 만 9년이 넘는 연애를 했지만, 그 무렵 내 주변의 많은 친구가 그랬듯, 쉽지 않은 결혼을 했다. 주변의 아무런 도움도 없이, 커다란 대학노트에 필요한 항목들을 가득 적어서 하나씩 점검을 해 가며 둘이서 모든 준비를 해야 했다.

내가 다니던 대학에서 커다란 세미나실을 결혼식장으로 빌리고, 직접 서예 동아리 방 '양현제'(養賢劑)에 찾아가 '축 결혼'이라고 써 달라고 부탁을 해서, 학교 정문 앞에 세워져 있던 '불조심 강조기간' 입간판 위에 덧붙여 결혼식장 입구에 세워야 했을 정도로 시시콜콜한 모든 일을 직접 준비했다.

피로연 음식이 문제였는데, 다행히 나를 예쁘게 봤던 교수식당 주방 아주머니들이 아주 싼 값으로 국수를 말아 주었다. 학교에서 일하는 용원 아주머니들은 "하종강 학생이 결혼을 한다는구만." 하시면서 줄지어 서서 강의실 의자 수백 개를 세미나실까지 날라 주었다.

방송시설은 교내 방송국 후배들이 책임지고 수고해 주기로 했는데, 결혼행진곡 테이프는 날더러 직접 준비하라고 했다. 짜식들, 기왕 도와 줄 바에야 그것도 해 줄 것이지….

안해를 만나 그 얘기를 하며 말했다.

"신부 입장할 때 나오는 결혼행진곡이 멘델스존이야? 아니면 바그너야? 입장할 때가 바그너이고, 퇴장할 때가 멘델스존이지? 아닌가? 바뀌었나? 두 개 모두 준비했다가 잘 맞추어서 틀어야 할 텐데."

안해는 웃으며 답했다.

"없는 살림에 그냥 하나 갖고 나눠 쓰지 뭐."

물론 농담이었지만, 그렇게 말할 때 안해의 얼굴에 스쳤던 쓸쓸한 미소를 잊을 수 없다.

나는 인천 '동방극장' 옆에 붙어 있는 '세기 녹음실'이라는 곳에 찾아가 두 가지의 결혼행진곡을 멋들어진 관현악 연주곡으로 녹음했다. 결혼식 날, 멘델스존의 결혼행진곡이 관현악 연주로 세미나실 가득 울려 퍼지기 시작했을 때 사람들은 '와' 하고 함성을 질렀다. 지금도 우리 결혼식 녹음 테이프를 들어보면 사람들이 감탄하면서 질렀던 그 소리가 생생하다. 벌써 20여 년이나 지난 옛일이다.

바로 그 곡, 멘델스존의 결혼행진곡이 아침 출근시간에 듣는 FM 방송 음악 프로그램에서 나왔다. 결혼식이 많은 토요일을 염두에 둔 선

곡이었겠지.

  음악을 들으면서 안해의 얼굴에 스쳤던 쓸쓸한 미소를 생각하며 남태령고개를 넘었다.

모처럼 세속적으로 일요일다웠던

일이 없으면서도 사람들을 만나는 '짓'을 15년쯤 거의 하지 못했다. 어느 정도였냐 하면, 일도 없으면서 "한번 보자"라거나 "같이 밥이나 먹지" 따위의 약속은 일 년에 채 두세 번이 안 됐지 싶다. '동창회'는 할 일 없는 사람들이나 가는 곳이라 생각했고, 고등학교 동기가 한 동네에 여러 명 살게 되어 한 달에 한 번씩 만나고 있는데 몇 년 동안 단 한 차례도 가지 못했다. 그래도 일 때문에 하는 '약속'은 매일 빈번하게 있는 생활이었다. 오래 전 한때는 40일 동안 하루도 쉬지 않고 술을 마셔야했던 적도 있었으니까.

3~4년 전부터 일이 없으면서도 만나는 사람들이 생겼다. 오늘도 그런 만남이 두 개나 있었는데, 곰곰 생각해 보다가 내가 요즘 다음과 같은 커다란 변화에 직면해 있다는 걸 깨달았다.

전에는 그런 자리에 가 있으면 "내가 지금 이럴 때가 아닌데, 정말 꼭 만나야 하는 사람들과 함께 할 시간도 부족한데, 이런 데서 이렇게 쓰잘데기 없는 얘기나 하면서 시간 죽이고 있을 때가 아닌데." 하는 생각이 뒤통수를 내내 잡아끌었다.

요즘은 그런 자리에 가 있으면, 사람들과 잘 어울리지 못하는 내가 당혹스럽다. 지금까지 살아오면서 친화력이 부족하다는 생각을 한 번도 해 본 적이 없었던 내가 요즘은 '일'과 관계 없는 사람들 사이에 앉아 있으면 몸이 굳는다. '어서 빨리 사람들과 자연스럽게 어울려야 할 텐데.' 하는 생각이 뒤통수를 계속 잡아끄는 바람에 몸만이 아니라 나중에는 입까지 굳는다.

군대에서도, 철창 안에서도, 노동조합에서도 사람들과 쉽게 어울리지 못한다는 생각은 해 본 적이 없었다. 재벌회사의 금배지를 가슴팍에 달고 다니는 생활을 20년 넘게 한 친구들 사이에 어쩌다가 끼어 앉아 있을 때에도 그런 아쉬움을 느껴본 적은 없었다. 그 친구들이 하는 얘기를 전혀 거들지 못하면서도 자괴감 따위를 느껴 본 적은 없다. 내가 그 친구들보다 부족하다고 느껴 본 적도 없었다.

그런데 요즘은 그런 자리에 가 앉아 있으면 '내가 참 부족하다'는 생각이 든다. 대책 없는 사교성의 부족으로 견디기 힘들어 핑계를 대고 일어나고 싶다. 그러다가 결국 '네가 있을 곳이 아니니 이 바닥을 떠나거라. 네 자리로 어서 돌아가거라'는 산신령의 호통을 듣게 되는 것은 아닌지 모르겠다는 생각이 들기도 한다.

나는 이것이 발전인지, 퇴보인지, 다양성을 추구하는 긍정인지, 계급의식이 희석되는 부정인지, 인생이 윤택해지는 행복인지, 세속에 물드는 불행인지 그것을 모르겠다.

어머니의 교통사고

　어머니께서 교통사고를 당하셨다. 처음에 연락 받고 병원 응급실로 달려갈 때는 온갖 생각을 다 했다. 병원에서 몇 군데를 거쳐 어렵사리 여동생 전화번호를 알아내어 연락한 것을 보면, 어머니가 의식이 없다는 뜻이다.
　다행히 내가 응급실에 갔을 때는 어머니가 정신을 차리신 뒤였다. 동네 공중목욕탕에서 나오다가 승합차 사이드미러에 머리를 부딪치셨다는데 의사 말로는 "머리 속에 피가 좀 고이긴 했지만 촬영을 해 보니 양이 더 늘어나지는 않았다"고 했다.
　중환자실에 이틀 계시다가 일반 병실로 옮겨, 며칠 더 계시고 퇴원하셨다. 병실에 있는 환자들 중에서는 우리 어머니 상태가 제일 좋아서 제가 찾아가 뵐 때마다 어머니는 스스로 "나는 날라리 환자야."라고 말씀하셨다.

어머니는 한국전쟁 때 피난을 가지 못하고 서울에서 빈집을 홀로 지키셨는데, 나중에 폭격이 심해지자 밤마다 제일 예쁜 옷으로 갈아입고 반듯하게 누워서 주무셨다고 한다. 죽은 뒤에라도 모습이 흉하지 않도록…. 어릴 때 그 얘기를 해 주시면서 어머니는 "나도 그때는 꽃다운 처녀였으니까"라고 말하며 웃으셨다.

이번에도 중환자실에서 어머니는 이렇게 말씀하셨다.

"늙으면 몸이 지저분해지기 마련인데, 그래도 늙은이가 목욕을 하고 나오다가 다쳤으니 얼마나 다행이냐. 간호사 언니들이 옷도 갈아입히고 몸도 씻기고 그랬을 텐데…."

야구 잠바

37살 때의 일이니까 벌써 16년 전이다. 아들 아이 겨울옷을 사 주러 가족들과 함께 만수시장 근처의 상가에 갔다. 아동복 코너에서 안해가 옷을 고르고 있는데 문득 보니, 내 몸에도 잘 맞을 것 같은 커다란 야구 잠바가 걸려 있었다. 다짜고짜 내 몸에 걸쳐 보았더니 의외로 썩 어울리는 것이다. 다른 코너에 있던 점원 아가씨가 놀란 듯 눈을 동그랗게 뜨고는 이쪽 아가씨에게 물어본다.

"얘, 너희 코너에 어떻게 저런 옷이 다 있니?"

이쪽 아가씨가 답했다.

"응. 우리 제품이 17세용까지 나오거든."

그 말을 듣고 건너편 쪽에 있던 안해가 큰 소리로 내게 말했다.

"아니, 17세용을 37세가 입고 지금 어쩌겠다는 거예요?"

이쪽 아가씨가 다시 말했다.

"어머, 아저씨 서른일곱이나 되셨어요? 전혀 그렇게 안 보여요. 이

십대 같아요."

안해도 입어 보고, 나도 입어 보고 하다가, 결국 그 옷을 사 왔다. 상가를 나오면서 안해가 말했다.

"그게 다 상술인 거 몰라? 젊어 보인다니까 좋아가지구 입이 헤 벌어져서. 아무튼 약도 없다니까…"

한심한 놈들 다 나와라!

　내가 처음 아마추어 무선에 관심을 보이기 시작했을 때, 안해는 썩 내켜 하지 않는 편이었다. 내가 아마추어 무선에 노력을 들이는 만큼 안해는 "인간아, 가족을 위해서 집안일에 그렇게 열심을 좀 내봐라." 생각했을지도 모른다.

　초보 무선사 시절, 내가 교신을 끝내고 나면 안해가 항상 나에게 하는 질문이 있었다.

　"아는 사람이야?"

　"아니."

　"그런데 왜 얘기하는 거야? 알지도 못하는 사람하고."

　"그냥…"

　잠시 후에 "CQ, CQ, Copy Station!"을 열심히 외치는 무선국이 있어서 얼른 응답하고 다른 주파수로 이동해서 아주 양호한 상태에서 교신을 마치고 나면, 안해가 또 물었다.

"이번에는 아는 사람이야?"

"아니."

"모르는 사람하고 뭐 하러 그런 얘기를 하는 거야?"

"그냥… 좋잖아?"

"좋기는 뭐가 좋아? 참 싱거운 사람들 많네."

내가 마이크를 안해에게 넘기면서 "당신도 좀 해 봐." 하면 안해는 "당신이나 실컷 하셔." 하면서 마이크를 밀어냈다. "사람이 사람한테 말을 해야지 왜 기계한테 떠들어. 나는 기계에 대고는 말 못해!"라고 하기도 했다. 나는 "여자들이 콜(call)하면 인기가 좋다던데…"라고 비 맞은 땡중처럼 중얼거리면서 눈치껏 무전기 앞에 매달리곤 했다.

무전기에서 "CQ, CQ, Copy Station!" 호출이 자주 들리니까 하루는 초등학교 3학년이었던 아들 아이가 나에게 물었다.

"아빠, 씨큐 씨큐 카피 스테이션이 무슨 뜻이에요?"

안해가 그 말에 답하기를

"CQ, CQ, 한심한 놈들 다 나와라! 그런 게 있어."

그러나 안해도 어엿한 아마추어 무선사다. 우리 집 무전기 옆에 있는 팻말에 적힌 알파벳 DS2CLK는 전 세계에 하나밖에 없는 안해의 콜사인이다.

진돗개

아들 녀석이 초등학교 6학년때의 일이다.

"진돗개 새끼가 드디어 젖을 떼었으니 가져가라."고 선배는 며칠 동안이나 나를 괴롭혔다. 누가 곁에서 보면 '동성애가 아닌가?' 오해할 정도로 나를 귀여워하는 선배는 "종자가 아주 좋은 것이어서 다른 사람 주기는 싫다."고 했다. "단 하루만 키우고 남을 줘도 좋으니 꼭 가져가라."고 하는 걸 차일피일 미루었더니, 어느 날 사람을 시켜서 두 마리를 우리 집에 보내고는 한 마리 당 천 원씩 이천 원을 받아갔다. 그냥 공짜로 주고받는 것은 개에 대한 예의가 아니라던가.

젖 떼자마자 우리 집에 온 진돗개 새끼들은 정말 귀여웠다. 거실에서 아장아장 뒤뚱뒤뚱 비틀비틀 걸어 다니는 모양이 그렇게 앙증맞을 수가 없었다. 아이들은 "좀 더 자랄 때까지 만이라도 우리가 기르면 안 되겠냐."고 졸라대었지만, 안해는 "정든 다음에 헤어지는 건 더 못 할 노릇이다. 이왕 남 줄 거면 정들기 전에 빨리 갖다 주자."고 했다.

우리 가족들은 고민에 빠졌다. 결국, 한 마리는 얼마 전에 딸을 교통사고로 잃은 친구 집에 주기로 했고, 한 마리는 안해가 일하는 학교 교장 선생님께 드리기로 했다. 교장 선생님 역시 개를 유난히 좋아했는데 마침 그 댁에서 기르던 개가 얼마 전에 죽어서 낙담하고 있던 중이었다.

진돗개 새끼들이 우리 집에서 이틀 밤을 자고 난 아침, 아이들에게 진돗개와 작별 인사를 나누라고 했더니, 아들 녀석이 볼멘 소리로 말했다.

"우리 반 아이들이 오늘 우리 집으로 진돗개 구경 오기루 했단 말이에요. 우씨…"

그 계획을 취소하라고 했더니 아들 아이는 거의 울상이 되어서 학교에 갔다.

그날 오후, 강아지 두 마리가 담긴 라면 박스를 차에 싣고 집을 나섰던 나는 도중에 '에라 모르겠다' 하고 차를 획 돌려서 아들 아이가 다니는 학교로 무작정 들어갔다. 교실에 가서 담임 선생님께 사정을 말했더니 선생님이 아이들에게 크게 말하기를,

"오늘 지운이네 집에 진돗개 구경하러 가기로 했던 사람들 누구야? 여기 진돗개 왔으니까 빨리 나와서 구경해라. 에, 진돗개로 말할 것 같으면, 천연기념물 제53호로서 두 눈과 코가 만드는 삼각형이 정삼

각형에 가까울수록 순종이라고 볼 수 있고…"

나는 그날 선생님을 아주 제대로 만났던 거다. 강아지 주변에 몰려들어서 만져 보고, 쓸어 보고, 들어 올리고, 암놈인지 숫놈인지 뒤집어 보고 하는 학생들 때문에 교실은 난장판이 되었다. 특히 여학생들은 "어머, 너무너무 귀엽다"를 연발하면서 강아지 곁을 떠나지 못했다.

그렇게 강아지들을 떠나 보낸 얼마 뒤, 나는 컴퓨터통신의 애완동물동호회 게시판에 들어가 '진도개' '진돗개' '진도견'에 관한 모든 글들을 섭렵했는데, 그중에 이런 글이 있었다.

"진도견은 아파트에서 키우기에는 변이 너무 굵더군요."

아, 역시 보내기를 잘했구나. 우리 집도 아파트인데. 글을 계속 읽다 보니까 같은 사람이 나중에 올린 이런 글이 또 있었다.

"진도견의 변을 참는 능력은 정말 탁월하더군요. 아파트에서도 능히 키울 만하더군요."

에이, 우리도 그냥 키울걸. 후회 막급이었다. 진돗개 새끼들은 그때 우리 집에서 딱 이틀 밤을 잤을 뿐이다. 그런데 몇 년이 지난 지금까지도 그 강아지들이 미끄러운 장판에 발이 미끄러지면서 아장아장 뒤뚱뒤뚱 비틀비틀 걸어 다니던 모습이 눈에 선하다.

안해가 일하는 학교 교장 선생님 친구 중에 소문난 애견가가 있었는데, 어느 날 놀러왔다가 그 진돗개 새끼를 꼼꼼히 살펴보더니 자기한테 달라고 며칠씩이나 조르더란다. 그 후에도 그 진돗개에 눈독을 들인 사람들이 여럿 있었지만 빼앗기지 않고 잘 키워서 어엿한 성견으로 자랐다. 어찌나 무서운지 학교 선생들이 사택 근처를 지나가기조차 두려워할 지경이란다. 그런데 딱 한 사람 안해를 보면 그 진돗개가 꼬리를 흔들며 달려와서 놀자고 다리에 감긴다는 것이다. 우리 집에서 딱 이틀 밤을 잤을 뿐인데, 그 옛 주인을 기억한다는 것이다. 그래서 나는 이제 감히 말할 수 있다.

"진돗개의 주인을 기억하는 능력은 정말 탁월하더군요."

딥 퍼플을 만나다

　우리 집 가까운 송도에서 사상 초유의 락 페스티발(rock festival)이 열린다고 했다. 아들 녀석 지운이가 그래도 명색이 중학생으로 구성된 락 밴드(rock band)의 기타리스트인데, 이건 하늘이 주신 기회이니 '과부 딸라빚'을 내서라도 봐야 한다고 지운이와 나는 의기투합했다. 그러나 우리 둘을 합친 것보다 몇 배나 더 현명한 안해의 결재를 받지 못했다. 집안 살림이 어떻게 돌아가는지도 모르는 철딱서니 없는 남정네들이라는 핀잔만 실컷 들었다.
　출근길에 라디오를 듣고 있노라니 이숙영 씨가 진행하는 프로그램에 사연을 보내면 몇 명을 뽑아서 락 페스티발의 이틀 공연을 모두 볼 수 있는 티켓을 준다고 했다. 옳거니. 나는 사연을 정성스레 적어서 보냈다.
　"아들 녀석이 중학생 락 밴드의 기타리스트인데 그 공연을 못 봐서야 되겠느냐. 장차 고등학생이 되어 더 열심히 활동할 것이고 그 밴드의 이름은 벌써 정해 놓았으니 '원효대사해골물'이 바로 그 이름이오. 앞으로 전 우주적인 락 밴드가 될 것이 분명한 '원효대사해골물'의 영원한 명예회원이 되고 싶거든 부디 그 티켓을 보내주시라…."

다행히 나는 티켓을 두 장 받았고 아들 앞에서 간신히 면목을 세운 아빠가 되었다.

하네 마네 말도 많았던 공연 당일, 우리는 진흙탕에 발목까지 빠지는 늪지대를 건너 공연장에 갔다. 공연은 예정시간보다 세 시간이나 늦게 시작되었다. 우리는 느즈막이 갔으나 열성적인 젊은이들은 공연 예정 한 시간 전부터 입장을 했다 했으니 무려 네 시간이나 폭우 속에 선 채 공연을 기다렸던 것이다.

브릿팝 밴드 '애시'가 첫 문을 열었고 사람들은 빗속에서도 열광하기 시작했다. 빨강, 노랑, 파랑색으로 머리를 염색한 젊은이들이 우리 옆에서 경중경중 뛰기 시작했다. 귀걸이, 코걸이뿐만 아니라 입술걸이, 눈썹걸이를 몇 개씩이나 한 청년들이 머리를 흔들기 시작했다. 우리 앞에 있는 어떤 이의 '헤드 뱅잉'을 보고 지운이가 말했다.

"저 사람은 거의 상모돌리기 수준이네요."

유일하게 출연한 우리 나라 밴드 '크래쉬'가 노래를 몇 곡 불렀을 때 사람들은 그 밴드의 단골 레퍼토리인 딥 퍼플(Deep People)의 'Smoke On The Water'를 부르라고 연호했다. '크래쉬'의 보컬리스트가 말했다.

"이 노래 부르려면 오늘은 딥 퍼플 형님들한테 허락 받고 불러야 된단 말이에요. 우씨…"

사람들은 환호했고, 결국 그들은 그 노래를 불렀다.

재미교포 '존 명'이 베이스 기타를 치는 '드림시어터'의 순서가 끝나고 다음 출연자들을 위해 무대 정리가 시작되자 지운이가 말했다.

"아빠, 우리 한번 최대한 갈 수 있는 데까지 앞으로 가 보지요."

우리는 쏟아지는 폭우와 사람들의 장벽을 뚫고 마침내 바리케이드까지 도달했다. 그리고 아, '딥 퍼플' 비록 예전의 그 멤버들과 똑같지는 않다지만 'Smoke On The Water'와 'Highway Star'를 직접 들을 수 있다니, 그것만으로도 좋았다.

쏟아지는 비 때문에 기타의 플랫을 계속 수건으로 닦아가며 연주했고, 드러머가 심벌을 때릴 때마다 화려한 조명을 받은 물방울이 마치 폭발하듯 휘날렸다. 그 장관이 펼쳐질 때마다 관객들은 하늘이 떠나갈 듯 환호성을 질렀다.

한 손으로 바리케이드를 잡고 몸을 솟구치니, 정말 깜짝 놀랄 만큼 높이 뛰어 오를 수 있었다. 내 몸 어느 구석에 이런 에너지가 있었나. 지운이와 나는 거의 한 시간 가까이 겅중겅중 뛰며 그 분위기를 만끽했다.

끝나고 나오는 길은 들어갈 때보다 더 참혹했다. 진흙탕은 이제 무릎까지 빠졌다. 그새 내린 빗물로 공연장 한가운데에는 커다란 '바이칼 호수'가 만들어져 있었다. 그래도 불평하는 사람 하나 없었다.

70만 원씩이나 내고 편안한 앞자리에 앉아서 '마이클 잭슨'의 공연을 보는 사람들과 이 젊은이들은 얼마나 다른가. 빗속에서 4시간이나 서서 기다리기도 하다가, 잠깐 짬이 나면 바리케이드에 얼굴을 묻은 채 선잠을 자기도 하다가, 폭우에 흠뻑 젖기도 하다가, 진흙탕에 빠져서 저절로 벗겨진 신발을 끄집어내면서 나는 생각했다.

'이 사람들의 이처럼 순수한 열정을 볼모로 돈벌이를 하려고 한 사람들이 있다면, 그 인간들에게 화 있을진저….'

구사징에서 빠서나오는 네반노 안 시산이 넘게 설렀다.

그날 밤, 집에 돌아와 낡아빠진 LP 디스크의 먼지를 몇 년 만에 떨어내고, 한동안 쓸모없어 진열장 구실이나 하고 있던 턴테이블 위의 인형들을 치웠다. 지운이가 그런 내 모습을 물끄러미 보다가 물었다.

"아빠, 그거 작동되는 거였어요?"

"나도 잘 모르겠다. 제대로 돌아갈지."

턴테이블 위에 20년도 더 전에 구입한 '백판'(이게 뭔지 아는 사람이 몇이나 될까?)을 얹고 암(arm)을 들어 올리니 테이블이 돌기 시작했다. 새벽 두 시가 가까운 시간에 아파트 단지에 울려 퍼지는 딥 퍼플의 'Stormbringer'를 귀 기울여 듣고 있던 지운이가 말했다.

"이거 완전히 노이즈 절반, 사운드 절반이네요. 도대체 이걸 어떻게 들었어요?"

잡음 하나 없는 매끈한 CD 음질에 길들여진 귀에는 그렇게 들릴 수밖에 없었을 거다. 청계천 세운상가 앞 길가에 쌓인 '백판'들을 뒤져서 마음에 드는 음반을 찾았을 때, 주머닛돈을 톡톡 털어 그 음반을 사 들고 집으로 돌아올 때, 그 가슴 뿌듯함을 요즘 아이들이 어떻게 이해하랴…. 나는 지운이에게 점잖게 말했다.

"CD는 인간의 가청 주파수 범위 내에서만 소리를 재생하지. 그러나 LP는 가청 주파수 범위를 벗어나, 그보다 훨씬 더 높고 더 낮은 소리를 내는 거야. 인간이 귀로 들을 수는 없지만 가슴으로는 그 소리를 듣거든. CD하고는 느낌이 다르지. 에헴."

사오십 대들이여, 우리 언제 한 번, 그 옛날의 LP '백판'들을 모아 노이즈 절반, 사운드 절반의 음악 감상회를 가져보는 건 어떨런지?

지운이의 운동회

지운이가 초등학교 3~4학년쯤이었을 때 운동회날 일기의 한 대목이다.

운동회날이다. 아침에 선생님이 "집에서 식구들이 온 사람은 운동장에 나가서 점심을 먹고, 아무도 안 온 사람은 그냥 교실에서 먹어라"고 말씀하셨다.

점심시간에 나는 교실에서 혼자 밥을 먹었다. 나 말고는 아무도 없었다. 혼자 밥을 먹는데 자꾸 눈물이 나왔다. 밥을 다 먹고 도시락을 가방에 집어 넣으면서 나는 울었다.

교실에 혼자 앉아 있는데 최지훈이 자기가 먹던 도시락을 들고 들어오더니 나랑 같이 먹자고 했다.

저녁에 집에 와서 엄마한테 이 이야기를 하는데 또 눈물이 나오려고 했다. 나는 하품하는 시늉을 하며 "아, 졸립다. 왜 이렇게 졸립지?"라고 말했다.

엄마도 내 말을 듣고 "마음이 참 안 좋다"고 하셨다.

나는 최지훈이 고맙다.

맞벌이 부부는 아이들을 키우다가 이런 일을 당할 때 마음이 무거워진다. 그때 안해와 나는 가까운 이웃에게 "지운이 좀 챙겨달라"는 부탁조차 하지 못했던 우리의 무심함을 꽤 오랫동안 자책했다.

산타클로스 할아버지의 편지

딸 아이 규운이는 나이를 꽤 먹을 때까지 산타클로스 할아버지가 정말로 있다고 믿었다. 초등학교에 입학한 지 얼마 안 된 규운이와 아들 아이 지운이가 그 문제로 다툰 적이 있었는데, 규운이는 "산타 할아버지는 정말로 있다."고 우겼고, 이미 머리가 굵어진 지운이는 "엄마 아빠가 산타 노릇을 대신 한 것일 뿐, 실제로 산타 할아버지는 없다"고 어린 동생을 비웃으며 입씨름을 했다. 멀찌감치에서 듣고 있던 내가 끼어들었다.

"산타 할아버지는 아마 이번 크리스마스에 자기를 정말로 믿고 있는 어린이에게만 선물을 줄지도 몰라."

지운이의 기세가 꺾였다. 산타 할아버지가 실제로 있든 없든 아빠가 그런 원칙을 세웠다는 건 지운이에게 보통 심각한 문제가 아니다. 지운이가 기어들어가는 작은 목소리로 말했다.

"어쩌면 산타 할아버지가 정말로 있을지도 몰라…."

몇 년 뒤 어느 날, 규운이가 의기양양하게 나에게 말했다.

"산타 할아버지는 없다는 단서를 내가 드디어 찾았지. 산타 할아버지가 나한테 보냈던 편지들을 아빠 컴퓨터 하드디스크에서 모두 발견했거든. 우헤헤…"

처제에 관한 추억

내가 안해를 처음 만났던 무렵, 처제는 고등학생이었다. 고등학생이라지만 생일에 친구들에게 빨간 숙녀용 구두를 선물 받을 만큼 멋쟁이였다. 도시적 분위기의 미모를 갖춘 처제에게 '옥의 티'가 하나 있었으니, 입술이 좀 크다는 것이다. 후후…

대학교 1학년의 철부지였던 나는 처제를 무던히도 놀려대었고, 마침 유행하던 '입 큰 개구리 시리즈'가 새로 나올 때마다, 처제는 내 밥이 되곤 했다.

"내가 좋은 별명 하나 지어줄게. '썰면' 이라구…."

'썰면' 이 무슨 라면의 한 종류인 것처럼 생각되는지 처제는 웃으며 물었다.

"썰면이 뭔데요?"

"응, '썰면 한 접시' 는 된다는 뜻이지."

그날 처제는 마침내 남 달리 큰 눈에서 닭똥 같은 눈물을 뚝뚝 흘리며 펑펑 울었다. 엉엉 울면서 나에게 "자기는 키도 별로 안 큰 게 손발만 디따 커 가지고."라고 말했다. 사실 나는 키에 비해서는 손발이 좀 큰 편이다.

처제가 결혼을 한 뒤, 우리 집에 다니러 온 날이었다. 인사를 마치고 내게 말하기를,

"형부, 나 지금 골목에 들어오면서 지나가는 개를 한 마리 봤거든요. 그런데, 그 개가 발이 얼마나 큰지 몰라. 똥개들은 왜 그렇게 발이 크대?"

처제도 이미 나처럼 어른이 되어 있었다. 얼마 전, 처제가 다니는 교회에 갔다. 목사님이 설교 중에 말씀하시기를,

"나는 하나님께 우리 교회에 제발 '입' 큰 사람 좀 그만 보내달라고 기도합니다. '입'만 갖고 와서 말만 많이 하는 교인은 필요 없습니다. 그런데 교회에는 어찌나 '입' 큰 사람만 많이 오는지. 저는 이제 제발 우리 교회에 '입' 큰 사람 좀 그만 보내 주십시오라고 하나님께 매일 기도합니다."

건너편 의자에 앉아 있는 처제와 내가 눈이 마주쳤을 때, 내가 손가락으로 입술을 가리키자 처제는 내게 주먹을 쥐어 보이며 입술 모양과 표정만으로 "이따가, 나한테 아주 죽을 줄 알아요."라고 했다.

잠시 뒤 목사님이 또 말씀하시기를,

"그래서, 저는 하나님께 제발 '손발' 큰 사람을 많이 보내 달라고 기도합니다. 말만 많이 하는 '입' 은 필요 없지만, 묵묵히 일하는 '손발' 은 정말 필요합니다. 하나님, 제발 우리 교회에 '입' 큰 사람 말고 '손발' 큰 사람을 많이 보내 주십시오."

설교 시간 내내 목사님은 계속 '입' 과 '손발' 이야기를 되풀이했고 나와 안해와 처제, 세 사람은 웃음을 참느라고 정신이 없었다.

처제가 전화를 했다. 어렵게 말을 꺼내는데, 그동안 써 둔 시가 120여 편이나 된다는 것이었다. 시를 좀 알 만한 사람에게 보였더니 썩 괜찮다고 그랬다는 것이었다. 시집을 출판하고 싶으니, 말을 좀 해 줄 만한 출판사가 있겠느냐고 했다. 출판사의 아는 선배에게 말을 해 보았더니 "잘 쓰나 못 쓰나 완성된 시를 120편이나 썼다면 그 중에는 반드시 작품이 있기 마련"이라면서 원고를 한번 보자고 했다.

처제는 결국 내 도움도 없이 어렵사리 시집을 출판했다. "내 이름 석 자가 박힌 책을 한 권 갖는 것이 소원이었다."면서 정말 좋아했다. 얼마 전, 처제의 시집 〈소금 기둥〉을 받았다. 나는 처제가 자랑스럽다.

아버님과 TV

　결혼한 뒤 10년 넘게 우리 가족이 보던 TV는 그야말로 골동품이어서 사람들이 집에 놀러왔다가 "저거 틀면 화면 나오는 거냐?"고 물어볼 정도였다. 사람들은 그 TV가 장식용으로 놔 둔 골동품인 줄 알았다는 거다.
　우리가 새 아파트를 장만하고 이사했을 때, 아버님께서는 "결혼할 때 방 한 칸이라도 마련해 줬어야 했는데 그걸 못했으니, 이사 기념으로 TV라도 제대로 된 걸 하나 사 주겠다."고 하셨다.
　그 시대 많은 젊은이들이 그랬듯이 우리도 쉽지 않은 결혼을 했다. 그 자세한 얘기는 안해의 허락이 있어야 하는 것이니 생략하고. 아무튼, 학교 세미나실에서 성대하게 결혼식을 치르고 나서 우리 가족은 시내버스를 타고 집으로 돌아왔고, 그 며칠 뒤 내가 집에서 사용하던 책상과 옷 몇 벌, 책 몇 권만 달랑 용달차에 싣고 안해가 살고 있던 전세방에 '기어 들어가는' 것으로 우리의 신혼살림이 시작되었으니까.

새 아파트로 이사하고 며칠 지난 어느 날 저녁, 아버님이 전자제품 대리점 직원과 함께 TV를 갖고 오셨는데, 나는 깜짝 놀라 아버님께 여쭈었다.

"아니, 아버님, 집을 사 주지 못한 대신, 집채만 한 TV를 사 주기로 하신 거예요?"

"요즘은 다 이만한 걸로 본다더라."

아들 지운이도 "저게 정말로 우리 TV예요?"라고 묻고는 내가 "그렇다"고 하자 "와, 이게 꿈이냐, 생시냐?"라면서 좋아했다.

우리가 보던 골동품 TV는 아버님께 드리기로 했다. 어머님은 "저이가 늙어가면서 잔소리만 많아져서 요즘은 같이 텔레비전을 볼 때마다 나를 자꾸 귀찮게 하는데, 이제 따로따로 볼 수 있게 되었으니 참 잘됐다."고 하셨다.

일요일 저녁, 그 골동품 TV를 들고 가 아버님 댁 안방에 달아드리면서 나는 자꾸 콧물이 나왔다. 방구석에 숨어 있던 먼지 덩어리들이 피어올랐기 때문만은 아니었다.

위와 같은 사연으로 우리 식구들은 팔자에 없는 29인치 컬러 TV를 보게 되었는데, 와, 그거 실감나데.

아마추어 무선사의 크리스마스

우리 가족 4명 중에서 딸 아이 하나만 빼고 나, 안해, 아들 녀석은 모두 아마추어 무선사(HAM)이다. 23일을 크리스마스 '일부', 24일을 크리스마스 '이부' 라고들 하던데, 몇 해 전 크리스마스 '이부'에 우리 가족은 아마추어 무선사로서 다음과 같은 당찬 계획을 세웠다.

"우리 집 무선국 전파에 잡히는 햄(HAM)은 모두 집으로 초대한다."

단파(HF)는 전 세계를 두루 돌아다니니 그렇게 만나는 외국의 무선사들까지 모두 초대할 수는 없고, 극초단파(UHF)는 아직 사용하는 햄들이 적어 초대할 사람이 별로 없을 것이고, 초단파(VHF)에 양호한 신호로 잡히는 햄들은 모두 우리 집 근처에 있는 무선국일 테니 수단과 방법을 가리지 않고 초대해 보기로 했다.

대접이라야 별것 없었다. 따끈한 커피나 쌍화차나 녹차 한 잔에 과자와 과일 몇 조각이 전부였다. 그날 우리 집에 초대된 사람들 중에는 우리가 사람들에게 대접한 것을 모두 합한 것보다 더 많은 먹을 것을 갖고 온 사람도 있었다. 어느 젊은 남녀는 형님 댁에 가져가던 커다란 생크림 케이크를 우리 집으로 들고 와서 여럿이 나누어 먹는 기쁨을 선사하기도 했다.

그날 전파로 만난 햄들을 우리 집으로 모셔오는 데에는 온갖 지혜가 동원되었다. 다음과 같은 말들이 주로 사용되었다.

"우리 초대에 응하지 않는다면, 귀 무선국이 평소 저희 가족을 무척 혐오했었다는 의사 표시로 받아들이겠습니다." ← 평소 알고 지내던 사람일 때.

"지금 저희 집에는 HL2○○○도 와 계신데, 만일 지금 저희 집에 오시지 않는다면, 평소 귀 무선국이 HL2○○○을 죽도록 미워했었다고 받아들이겠습니다." ← 우리는 잘 모르는 사람이지만 우리 집에 와 있는 사람과 아는 사람일 때.

"저희 가족의 성탄 축하 노래를 들려드리겠습니다." ← 안해의 노랫소리만 듣고, 사람들은 종종 안해가 엄청난 미인일 거라고 오해한다. 사실 그날 안해의 노래에 반해서 왔다는 사람들이 꽤 있었다.

"저희 초대에 응하시지 않는다면, 십리를 못 가 귀 무선국이 타고 있는 차의 타이어는 펑크가 날 것이고, 엔진은 멈춰버리고, 배터리는 방전이 되고, 냉각수는 얼어버리고, 새해에는 바라는 일이 하나도 안 이루질 것입니다." ← 요런 농담이 통할만 하다 싶은 인상을 주는 목소리일 때.

"지금 날씨가 매우 춥지요? 저희 집에 오시면 따끈한 쌍화차나 커피가 기다리고 있습니다. 따뜻한 사람들의 푸근한 인정이 기다리고 있습니다. 딱 5분만 머물렀다가 가셔도 좋습니다. 지금부터 찾아오시는 방법을 알려 드리겠습니다."

그렇게 해서, 손님이 오기 시작한 시간은 24일 밤 10시 반쯤부터였다. 새벽 두 시쯤에 끝내려고 했을 때, 용인 에버랜드에서 크리스마스 행사에 참여했다가 집으로 돌아가는 차량 무선국 4대가 마침 우리 집 앞 고속도로를 지나고 있었다. 4대 중에서 1대는 급한 사정이 있다면서 그냥 지나갔고 나머지 3대에 탔던 사람들은 모두 우리 집으로 왔다.

손님들이 모두 돌아간 시간은 25일 새벽 3시 반쯤이었다.

그런데 참 신기하게도, 그날 우리 집에 왔던 사람들은 모두 부부이거나 미혼 남녀 커플이었다. 혼자 온 사람은 아무도 없었다. 그리고 모두 우리보다 젊은 사람들뿐이었다. 덕분에 우리 부부도 덩달아 젊어진 듯했다.

그 사람들과는 아직까지도 아마추어 무선으로 연락을 주고받고 있다. 어떤 사람은 정말 흔하지 않은 '진국'이어서 오래 묵은 포도주처럼 우리 부부와 좋은 친구가 되었다.

누워서 깨닫다

교통사고로 다리를 다친 지 3개월이 지났다. 한 달 정도는 집에서 거의 누워 지냈다. 아무도 없는 한낮에 침대에 누워 있으면 '우리 집 분위기가 이렇게 고즈넉했나.' 싶을 정도로 조용했다.

안해의 표현대로 '20년 만의 휴식'이었다지만, 고역이었다. 앉은 자세로 오래 있으면 다친 다리에 피가 몰리는 것 같아서 컴퓨터를 만지거나 아마추어 무선을 즐길 만한 형편도 못되었다. 몸을 뒤척이면서 소설책만 여러 권 읽었다. 낮잠을 잘 때 눈이 부실까 봐 하루 종일 커튼을 내려 두었다. 잠에서 깨어나도 집에는 여전히 아무도 없고, 사방은 조용하고 어두웠다. 제일 먼저 학교에서 돌아오는 딸 아이가 아파트 문을 열고 "아빠!" 하고 소리치며 들어오기를 기다리는 마음은 참 묘했다.

어느 날, 그렇게 누워서 맥없이 천장을 바라보다가 깨달았다. '아, 내가 4년이나 살았던 이 방의 벽지가 저런 꽃 무늬였구나…' 찬찬히

뜯어볼수록 벽지의 꽃 무늬는 낯설었다. '벽과 천장의 벽지는 색깔이 조금 다르네. 아, 아닌가. 햇살이 닿는 정도가 틀려서 다르게 보이는 것이로군.'

한 식구가 모두 한 방에서 지내야 했던 어린 시절, 그 작은 방 벽의 사방 연속 무늬는 수십 년이 넘도록 기억하고 있으면서, 왜 이 방의 벽지는 이제야 눈에 들어오는 것일까. 그렇게 정신 없이 살아 왔다니, 앞만 보고 달려 온 세월 동안 느끼지 못한 다른 많은 소중한 것들은 또 얼마나 될까.

살고 계신 방 벽지 무늬는 알고 계시는지.

추석 소묘

아침 일찍 아이들을 깨워 부리나케 부모님 집에 갔다. 고양시에 혼자 사는 여동생도 벌써 와 있고, 어머님이 준비하신 음식이 상에 가득하다. 겉모습만 보면 우리 집은 이를 데 없이 화목한 가정이다. 그러나 우환이 전혀 없는 집이 어디 그리 흔한가. 우리 가정에도 남에게 감히 말하기 힘든 걱정거리가 하나쯤은 있다.

부모님은 커다란 영정을 벌써 찍어 놓으셨다. 어머님은 내 딸 아이 규운이한테 "할머니 장례식 때 이 사진은 네가 들어라."고 하셨고, 안해와 딸 아이는 동시에 "할머니는 괜히 이상한 얘기를 하셔서 분위기를 썰렁하게 만들고 그래."라고 눈을 흘겼다.

베란다 구석 어디엔가, 어릴 적 내가 열심히 쓴 일기들이 세월의 먼지를 뒤집어 쓴 채 묻혀 있을 것이다. 내 기억에도 생생한 1970년 추석의 일기는 이랬다.

"추석을 아무 특별한 일도 없이 보냈다."

짧은 일기여서 토씨 하나 틀리지 않고 기억할 수 있다. 그 해의 추석이라고 아무 일도 없었을 리는 없었을 것이다. 송편을 빚었고, 식구들도 모였고, 아버님께 인사 온 제자들도 맞았고, 나도 인사를 다녔을 것이다. 그러나 풋사랑의 실연에 시달리는 까까머리 중학생 소년에게 그 모든 일들은 '아무 것도 아닌 일'이나 마찬가지였던 거다. 사랑을 잃은 사춘기 소년에게 세상의 모든 일은 아무 의미도 없었던 거다.

 아버님의 자전거를 끌고 나가 밤거리에서 오랫동안 자전거를 타고 돌아다녔던 그때 추석의 차가운 밤 공기가 아직도 기억에 생생하다. 그날 내가 입었던 옷까지도 기억할 수 있다. 사랑의 상처는 그렇게 오래 남는다.

자동차에 관한 내력

 96년 12월에 국회에서 노동법이 날치기 통과된 뒤 명실상부한 '총파업 투쟁'이 전개되었고 거의 매일 집회가 열렸다. 97년 1월에 종묘공원에서 열렸던 노동자대회에는 "90년대 최대의 인파"가 모였던 엄청난 규모였다.
 그 집회에 참석했다가 돌아오는 길에 사무실 앞에서 나는 가벼운 교통사고를 당했다. 무면허 대학생이 차를 끌고 나왔다가 길을 걷고 있는 내 왼쪽 다리를 뒤에서 받아 버렸다. 나는 비명을 지르며 길 위에 쓰러졌고, 그 대학생 녀석은 나보다 더 놀래서 얼굴이 파랗게 질려서는 "아버지한테 연락하지 마세요. 경찰서에 신고하지 마세요. 엉엉…" 하면서 애원을 했다. 많이 다친 것 같지 않았기에 나는 학생에게 이렇게 말했다.
 "보험 처리도 되지 않을 테니 정말 큰일이네. 그러나 자네가 무슨 돈이 있겠나. 돈으로 보상받을 생각은 없네. 다행히 오른쪽 다리는 성하니 내 왼쪽 다리가 다 나을 때까지 내가 운전하고 다닐 수 있는 오토매틱 차를 한 대 마련해 주게(그 무렵 내 차는 털털거리는 수동 미션 찝차였다). 이틀이 멀다 하고 전국을 돌아다니는 게 내 직업이거든. 자네가 차를 빌려 오든지, 돈 주고 렌트를 하든지, 새로 사든지… 그것은 자네가 알아서 하게. 그렇게 해 준다면 경찰서에 신고하지 않는 것은 물론 자네 아버지에게도 연락하지 않겠네."

그렇게 해서 내가 처음 타게 된 오토매틱 차는 91년식 콩코드였다. 그 차를 며칠 탔을 때 그 대학생 녀석이 전화를 했다.
"저, 엘란트라로 타시는 건 어떨까요? 물론 오토매틱이에요."
"누구 찬데?"
"누나 꺼요."
엘란트라를 4주쯤 탔을 때, 그 대학생이 또 전화를 했다.
"저, 누나가 또 자꾸 차를 달라고 해서요. 다른 차로 타시면 안 될까요?"
"이번에는 또 무슨 찬데?"
"티뷰론이요."
"뭐? 티뷰론? 무슨 색인데?"
"검정색이요. 풀 옵션이에요. 아주 좋아요. 현대자동차 영업사원 하는 친구한테 제가 빌렸어요."

나는 잠시 망설이다가 "좋다."고 했다. 그래서 나는 팔자에 없는 '스포츠 루킹 카' 티뷰론을 한 달쯤이나 타고 다녔다. 그때는 지금처럼 그 차가 흔하지 않아서 그 차를 몰고 나가면 사람들이 한번쯤 다시 돌아볼 때였다. "하종강이 스포츠카 타고 노동조합 교육하러 다닌다더라"는 소문은 그래서 생긴 것이다.

처음에는 대수롭지 않게 생각했었는데 치료기간이 예상보다 길어져 한 달 넘게 깁스를 하고 9개월 동안 목발을 짚고 다녔다. 그해 추석 연휴 하루 전에야 비로소 털털거리는 나의 고물 찝차를 아파트 주차장에서 끌고 거리에 나올 수 있었으니, 휴… 그 고생한 기간이 무려 얼마인가. 경험 있는 사람들은 "이제 나이가 있는 만큼 평생 고생할 각오를 해야 할 거다. 비만 오면 다리가 쑤실 것"이라고 했다.

노동법 날치기 통과가 없었으면 종묘 집회도 없었겠고, 종묘 집회가 없었으면 내가 거기에 갈 일도 없었겠고, 내가 거기에 갈 일이 없었으면 다리를 다치지도 않았을 테니, 내가 다리를 다친 것도 다 그놈의 노동법 날치기 통과 탓이다.

그렇게 사고를 당한 뒤 근 10개월 동안 나는 대한민국에서 생산되는 승용차란 승용차는 거의 다 타 보았다. 짧게는 2주, 길게는 2개월

간격으로 차를 바꾸었다. 그랬더니 자연스럽게 차를 보는 '눈'이 생기더라는 말이다. '자동차'라는 '문명의 이기'에 대한 나의 관심은 그렇게 시작되었다.

기아자동차가 미니밴 '카니발'을 개발한 후 시승할 사람을 대대적으로 모집했었는데, 선발 조건 중에 '내가 카니발을 타야만 하는 이유'를 설명하라는 요구가 있었다. 나는 "평양에서 피난 내려오신 증조할아버지는 목포에 뼈를 묻으셨습니다. 이번 설에 저는 목포에 다녀올 예정입니다."로 시작하는 읍소형 이유서를 구구절절이 적어서 보냈고, 며칠 뒤 150대 1의 경쟁률을 뚫고 시승단에 뽑혔다는 연락을 받았다. 기아자동차 소하리공장에 가서 생산라인에서 방금 나온 따끈따끈한 새 '카니발'을 주민등록증과 바꾸었다. 보름 동안 '카니발'을 신나게 타 보고 쓴 구구절절한 시승기는 그 무렵 인터넷과 PC 통신의 게시판에서 가장 높은 조회수를 기록했다.

그 뒤 기아자동차가 현대자동차로 넘어가기까지 기아자동차 홍보실에서는 새 차를 개발할 때마다 전화가 왔다. 보험료와 유지비를 회사가 모두 부담하면서 짧게는 열흘, 길게는 한 달 동안 새 차를 시승해달라는 부탁이었다. 마다할 이유가 없었다. 나는 반짝거리는 새 차를 받아서 시승기간 동안 잘 타고, 예의상 다소 긍정적인 시승기를 또 구구절절이 써서 기아자동차 사보나 인터넷 게시판 여기저기에 올리면 되었다.

　'크레도스 투'의 시승기와 내 사진이 기아자동차의 사보에 실리고 나서 며칠 뒤, 현대자동차 노동조합에서 전화가 왔다.

　"소장님, 크레도스 투 시승기 쓰셨더군요."

　"그걸 또 봤구만."

　"지금 소장님이 얼마나 욕먹고 있는지 아십니까?"

　"왜? 노동운동한다는 놈이 자동차 시승기나 쓰고 있다고?"

　"그게 아니라. 이번에 저희도 'EF 소나타'를 새로 만들었는데, 기아자동차 '크레도스 투'만 선전해 주시면 어떻게 합니까? 섭섭합니다. 하하 농담이에요."

　문명의 이기 - 자동차에 관한 나의 이력은 그렇게 시작되었다. 그 뒤의 이야기는 또 소설책 한 권 분량은 된다. 이 다음에 형편이 되면 자동차 정비를 배워 볼까 하는 야무진 꿈이 있는데, 아들 아이도 서서히 나를 닮아가고 있다.

돈이 많은 사람들은 세상의 인간을 두 종류로 구분합니다. '돈이 많은 인간' 과 '돈이 없는 인간' 으로. 많이 배운 사람들 역시 인간을 두 종류로 구분합니다. '유식한 인간' 과 '무식한 인간' 으로. 우리도 인간을 구분하는 기준을 갖고 있습니다. 다른 사람의 불행에 관심을 갖고 있는 인간과 그렇지 않은 인간으로. 가족이 아닌 다른 사람의 행복을 위해 자신을 온전히 던져 본 적이 있는 인간과 그런 경험이 전혀 없는 인간으로.

4장 철들지 않는다는 것

철들지 않는다는 것

 여러 노동단체의 실무자들이 구로동의 한 작은 사무실에 모여 학습을 했다. 잠깐 쉬는 시간에 그 사무실에서 일하는 이가 사람 숫자에 맞추어 가지가지 다른 종류의 차를 준비해 내 왔다. 녹차, 커피, 홍차, 율무차, 코코아… 사람마다 각각 다르게 차 종류가 모두 일곱 가지나 됐다. 그 모임에서 가장 똑똑하다는 말을 듣는 여성 활동가가 재빨리 말했다.
 "하종강 선배님한테는 정신연령에 맞게 코코아로 드려라."
 사람들이 모두 웃었다. 이 여성 활동가가 바로 지금까지 우리 사무실에서 나와 함께 아웅다웅 싸우면서 10년 넘게 일하고 있는 연구실장이다.
 어릴 적, 추운 겨울 방학에 논에 썰매를 타러 가다가 아버지와 같이 길거리 분식 코너에서 손을 호호 불어가며 코코아를 사 마신 추억이 생각났다. "정신연령에 맞게 코코아로 드려라."라니. 이게 무슨 뜻인가? 좋게 말하면 "때 묻지 않았다"는 것일 테고, 사실대로 말하면 나이에 걸맞지 않게 어디가 좀 모자라다는 뜻일 것이다. 나는 그 말을 칭찬으로 들었다.

우리 집 딸 아이도 가끔 사람들에게 말한다. "우리 집에서는 아빠가 정신연령이 제일 어려요." 안해도 가끔 이런 말을 한다. "남편과 아들이 얘기할 때 보면, 가끔 아들이 어른 같고 남편이 아이 같을 때가 있어요."

내 홈페이지에 〈중년일기〉라는 게시판을 만들면서 나는 그 취지를 이렇게 설명했다.

"의사 친구가 나에게 '철 안 난 것으로 치자면 자네는 거의 정신병 수준이야'라고 한 적이 있습니다. 저는 그 말을 칭찬으로 들었으니, 나이에 비해 철딱서니 없는 게 사실일 겁니다.

아직도 남아 있는 유년의 정서를 주체하지 못하는 중년들은 주변에 생각보다 퍽 많더군요. 사이버 공간에서는 더욱 그렇고… 불혹(不惑)의 나이라는 마흔을 훌쩍 뛰어 넘은 지금, 나의 정서가 좀 더 건강해져야겠다는 생각을 합니다. 그러나 유년의 정서가 거의 정신병적 수준으로 주체할 수 없을 만큼 남아 있으니 쉬운 일은 아니겠지요.

〈중년일기〉는 중년의 사내가 세상과 만나 겪는 일들을 가능한 한 건강하게 정리해 보려는 노력입니다. 때로 제가 감정의 불균형을 보이게 되더라도 넉넉한 마음으로 이해해 주시기 바랍니다. 혹시 그 불균형이 오래 가면, 따끔한 질책을 해 주십시오."

"마흔을 훌쩍 뛰어 넘은"이라는 말도 벌써 옛날 얘기다. 내 나이 벌써 쉰을 훌쩍 넘겼다. 새삼스럽게 이런 이야기들을 꺼내는 이유는, 철든다는 것이 무슨 뜻인지 새삼스럽게 생각해 볼 만한 일을 최근에 겪었기 때문이다. 성공회대학교 한홍구 교수가 열린우리당 경선 과정에서 일부 사람들로부터는 욕을 바가지로 많이 먹은 유시민 의원을, 세속에 덜 물들었다는 뜻으로 "철들지 않았다"고 칭찬하면서 그 글을 이렇게 마무리했다.

"너무 빨리 어른이 돼 버린 386 모두에게 하고 싶다. 제발 철들지 말고 살라고…. 아는 의사에게서 철들지 않은 걸로 치면 거의 정신병 수준이라는 말을 칭찬으로 알았다는 하종강 형님 같은 분도 있지 않은가? 한국 사회처럼 점잔 빼는 사회에서 나이 들어 철들지 않고 산다는 게 그리 만만한 일은 아니다. 그러나 너무 빨리 어른이 돼버린 386 형님들도 이 나이가 돼 보신다면, 유시민처럼 철들지 않고 사는 사람들의 즐거움 또한 꽤나 쏠쏠하다는 것을 아실 날도 있을 것이다."

　유시민 의원을 "언젠가 큰일 내고 말 사람", "진정성이 결여된 사람"이라고 판단하는 사람들이라면 한홍구 교수의 글을 가만 둘 리가 없다. 한홍구 교수와 유시민 의원을 싸잡아 비난하는 글들이 인터넷에 무더기로 올라왔고, 그 중에는 이런 표현도 있었다.

　"그나마 상대적으로 명분 있는 싸움을 전개하는 유시민을 두둔하고 싶었으며, 게다가 내심 믿었던 '임종석, 송영길, 박영선'마저 유시민 왕따의 선봉에 서는 것을 보면서 기가 찼을 것이다. 그래서 그들에게 일컬어 '유시민처럼 철들지 말라'고 일갈을 했으며, 전혀 유시민과 다른 문법으로 남한 사회를 바라보는 하종강까지 들이대며 너스레를 떨었을 것이다. 사실 한홍구의 오바는 딱 거기까지이다. …(중략)…
　한홍구 교수가 혹여라도 적당하게 이미지를 끼워 팔 요량으로 '하종강'이라는 이질적 이미지를 차용했다면 그것이야 말로 지나치게 '철든' 행동이라고 말해야 하는 것이다."

　나는 이 말을 또 칭찬으로 들었다. 지나치게 빨리 철이 든 386 세대 국회의원들과도, 그들과 대립각을 이루고 있는 유시민 의원과도, 그를 칭찬하는 한홍구 교수와도 또 다른 이질적 이미지, 그게 나의 모습이라는 건데, 그 이질적 이미지를 계속 지켜야겠다. 그 이미지를 계속 지키는 일이 바로 노동자들과 약속을 지키는 것이다. 그런 생각을 며칠 동안 내내 했다.

서로 빚진 사이

　파업 중인 병원 몇 군데에서 와 달라는 연락이 있었지만 도저히 짬을 낼 수가 없었다. 파업 계획이 결정되기 전에 다른 일정들이 모두 잡혀버렸기 때문이다.

　이정미씨에게서 수원의 성빈센트병원에 꼭 와 달라는 연락이 왔다. 다른 사람이었다면 '선약 우선의 원칙'을 내세우고 가지 않았을 것이다. 그러나 이정미씨는 얼마 전 위암으로 위 절제 수술을 받은 사람이다. 그런 사람이 자기 병원도 아니고 다른 병원의 파업현장에 가서 돕고 있다는데, 차마 못 가겠다는 말을 할 수가 없었다. "어떻게든 수를 내 보겠다"고 얼버무리고 전화를 끊었다.

　꼭 위암이 아니어도, 나는 이정미 씨를 생각할 때마다 가슴 깊은 곳에서 뭐가 울컥 올라온다. 70년대에나 있었던 '똥물사건'과 '식칼테러'를 겪은 사람이다. 보통 사람이 인생을 열 번쯤 살면서 겪을 만한 고통을 젊은 시절 한꺼번에 다 겪은 사람이다. 그리고 그 고통에 결코

굴복하지 않은 사람이다. 노동위원회에서 내가 맡았던 청구성심병원 부당노동행위 구제신청 사건 때, 조합원들이 써 준 진술서를 움켜쥐고 울먹거리면서 차마 제출하지 못한 사람이다.

"조합원들이 눈물로 써 준 진술서를 제가 여기 가지고 왔습니다. 그러나 저는 이것을 제출할 수가 없습니다. 몇 개월 전에 이와 비슷한 사건이 있었을 때, 그때 진술서를 저에게 써 주었던 조합원들이 지금 단 한 사람도 저희 병원에 남아있지 않습니다. 그 사람들이 어떤 일을 겪었는지, 굳이 설명하지 않아도 잘 아실 거예요. 조합원들이 이 진술서를 저에게 써 주면서 눈물로 호소했습니다. 저쪽에 앉아 있는 병원의 관리자들에게 이 진술서가 절대로 들어가지 않도록 해 달라고, 저기 앉아있는 사람들 때문에 저는 이 진술서를 낼 수 없습니다."

그 모습만으로도 나는 감동적인 영화를 열 편쯤 본 것만큼 마음이 시리다.

늦은 밤에 다시 이정미씨에게서 전화가 왔다. 그 이는 많이 조르지도 않았다. "여기, 꼭 오셔야 돼요. 상황이 아주 나빠요. 사람들이 힘들어하고 있어요."라고 작은 목소리로 속삭이듯 말했을 뿐이다. 다음 날 아침, 나는 다른 일정들을 뒤로 미루고 수원으로 갔다. 이정미씨는 나를 보자마자 배시시 웃으면서 말했다.

"제가 사람들한테 그랬어요. 내가 부탁하면 꼭 오실 거라고. 하 선생님은 나한테 진 빚이 있어서, 꼭 오실 거라고. 내가 그렇게 말하고 전화했어요."

"내가 이렇게 왔으니까 이제부터는 이정미 씨가 나한테 빚진 거야."

내가 이정미씨의 머리카락을 손으로 만지며 "어, 자기 머리카락이네." 했더니 이정미씨는 "어제까지 가발 쓰다가 오늘 처음으로 벗었어요."라고 했다.

병원 로비에 신문지를 펴고 둘러 앉아 점심 먹을 때 보니까, 이정미씨는 맨밥을 꼭 한 숟가락만큼만 꼭꼭 씹어 먹었다. '밥만 극소량을 먹는다'고 했다.

저녁에 방송하면서 인터뷰 하느라고 전화를 했더니, 그때는 또 부천 성가병원의 파업전야제에 가 있었다. 몸도 성치 않은 사람이….

CBS 〈시사자키〉 진행자 하승창씨가 "몸도 불편한데 계속 노동조합 활동을 하는 이유가 뭐냐고 사람들이 물어보면 뭐라고 답하시겠어요?"라고 묻자 이정미씨는 잠시 뜸을 두고 이렇게 답했다.

"아무 할 말이 없습니다…. 그냥 제가 살아가는 이유인 것 같아요. 몸이 아플 때도 활동을 그만두겠다는 생각은 한 번도 해 본 적이 없었어요."

 아, 그 목소리…. 스튜디오에 앉아 헤드폰을 쓰고 그 목소리를 들으면서, 나는 진실이 담긴 겸손한 목소리가 바로 이런 것이로구나 생각했다.

 이정미씨가 몸이 많이 불편해서 연락이 두절되어 있었을 무렵, 그이에 대한 다큐멘터리를 찍을 계획을 세운 태준식 감독과 내가 한 약속이 있다. 누가 먼저 이정미씨를 찾든지 반드시 같이 만나자고.
 얼마 전, 이정미씨는 태준식 감독이 다큐멘터리를 미처 다 만들기 전에 하늘 나라로 갔다. 하늘에서 우리를 내려다보고 있을 이정미씨를 생각하면서 열심히 살고 싶다.

〈한겨레〉 객원논설위원

〈한겨레〉 객원논설위원은 계약기간이 1년이다. 3월부터 시작했으니 다음해 2월이면 끝난다. 3월이 다가오니까 은근히 걱정이 됐다. 〈한겨레〉쪽에서 계약을 연장하자고 할까? 아니면 "그동안 수고하셨으니 이제 그만두시라"고 할까? 솔직히 말하면, 직상이 조조했다.

처음에 객원논설위원직을 제안 받을 때, 김효순 편집인이 함께 식사하는 자리에서 "하 소장님이 너무 바쁘신 분이라, 논설위원 일에 지장이 없도록 시간을 할애하는 것이 과연 가능하겠느냐, 그런 걱정을 하는 사람들이 있는데, 어떻게, 다른 일을 좀 줄이고라도 이 일에 집중해 주실 수 있겠습니까?"라고 물었다. 나야 당연히 그렇게 하겠다고 했지만 사실 지난 1년 동안 그 약속을 제대로 지키지 못했다. 내가 먼저 사설을 쓰겠노라고 제안해 본 적이 별로 없었고, 어쩌다 사설을 하나 쓰라는 연락을 받고도 지방에 내려와 있다는 핑계로 마다한 적도 몇 번이나 있었다. 내 스스로 평가해 보건대, 지난 1년 동안 객원논설위원으로서 내 기여도는 낙제점을 면하기 어려웠다.

2월 말쯤, 드디어 김병수 논설실장이 전화를 했다. "밥이나 한 번 같이 먹자"고 한다. 이건 뭔가 안 좋은 징조다. 하기 어려운 이야기를 할 때 주로 같이 밥을 먹으면서 하지 않던가.

오래 전 만났던, 의류회사에서 해고된 한 디자이너가 "이건 말이 안 되는 거에요. 어느 누가 이런 일 당하고 가만히 있겠어요. 사람을 이렇게 대접할 수는 없어요. 저도 회사 좋게 그만둘 수도 있어요. 사장님이랑 뜨거운 밥 한 끼라도 같이 먹으면서 얘기했으면 얼마든지 좋게 그만둘 수도 있어요. 사람을 이렇게 대접할 수는 없는 거예요."라고 눈물로 호소하던 모습도 생각났다.

그래도 〈한겨레〉 정도 되니까 따뜻한 밥 한 그릇 정도는 먹여주면서 그만두게 하는구나 싶었다. '이럴 줄 알았으면 지난번 논설위원 회의 때 사진이라도 한 장 찍어두는 건데' 하는 아쉬움도 느껴졌.

내가 김병수 논설실장에게 "그 약속 전날 마침 한겨레신문사에 다른 회의 때문에 갈 일이 있으니, 그날 간 김에 찾아뵈면 안 되겠냐"고 했더니, 김병수 실장은 굳이 "그날은 제가 좀 바쁜 일이 있어서요. 그냥 다음날 만나서 부담 갖지 마시고 가볍게 점심이나 같이 하지요."라고 한다. "부담 갖지 마시고 가볍게"를 강조하는 게 뭔가 더 수상쩍다.

김병수 논설실장과 만나기로 한 하루 전날, 〈한겨레21〉 인터뷰 특강 준비 회의에 참석하느라고 한겨레신문사에 갈 일이 있었다. 회의가 다 끝나고 엘리베이터 앞에 섰다가 '에라 모르겠다' 하는 심정으로 논설위원실이 있는 8층 단추를 눌렀다. 논설위원실에 들어가 김병수 논설실장에게 말했다.

"오늘 다른 일 때문에 왔다가, 그냥 온 김에 들렀습니다. 굳이 밥 먹고 이야기하지 않아도 되니까 그냥 쉽게 이야기하세요."

김병수 논설실장은 자리에서 일어나더니 잠시 난감한 표정이었다가 "옥상에 올라가 차나 한 잔 마십시다."라면서 앞장을 선다. 어, 이건 또 뭐야? 굳이 '옥상'으로 올라가자니. (나중에 이 얘기를 전해 들으면서 우리 집 아이들이 가장 재미있어 한 대목이 바로 여기다. "와, 옥상! 올라가서 한 판 뜨자는 거야?"라고 하면서…)

〈말죽거리 잔혹사〉와 〈방과 후 옥상〉이 생각나면서, 이건 뭔가 안 좋은 징조라는 생각이 더욱 굳어졌다. 옥상에 올라가자마자 나는 김병수 실장의 부담을 덜어주겠다는 의도로 선심 쓰듯 말했다.

"제가 생각하기에도 객원논설위원 제도는 〈한겨레〉의 입장에서 볼 때, 대표적인 고비용 저효율의 운영이었던 같습니다. 적은 금액이라고 하지만 그래도 고정 월급을 받으면서 제대로 일을 못했으니…. 그냥 쉽게 결정된 방침대로 어서 말씀하세요."

김병수 실장은 드디어 입을 열었다.

"우선 하 소장님 뜻이 제일 중요합니다."

어, 이게 뭔 소리인가? 갑자기 실낱같은 희망이 느껴졌다.

"솔직히 말씀드리겠습니다. 하 소장님 뜻이 우선 제일 중요하구요. 조금 더 성실하게 감당할 수 있다고 약속하실 수 있으면, 계속 맡아 달라는 것이 저희들의 결정 내용입니다. 그동안 사설을 몇 번이나 쓰셨는지, 다른 논설위원들과 비교하면 어떠한지… 굳이 통계로 제시하지는 않겠습니다. 앞으로 좀 더 이 일에 집중해 줄 수 있다고 약속하실 수 있다면, 계속 맡아 주십시오."

나는 마다할 이유가 없었다. "한겨레신문 객원논설위원이라는 직함이 저에게는 큰 프리미엄이니, 저로서는 마다할 리가 없지요. 요즘 어디 가면 사회자나 진행자들이 저를 소개하면서 '한울노동문제연구소장'보다 '한겨레신문 객원논설위원'이라는 직함을 더 강조하기도 하더군요. 저야 마다할 리가 없습니다."라고 솔직히 말했다. 김병수 실장은 "그럼 됐습니다."라고 짧게 끊었다. 나는 가슴을 쓸어내리며 옥상에서 내려왔다. 사옥 현관을 나서자마자 안해에게 문자메시지를 보냈다. "한겨레 객원논설위원 계속 하기로 했음."

며칠 뒤, 〈작은책〉 편집회의가 열렸다. 홍세화, 윤구병, 박준성 선생 등이 참석했다. 홍세화 선생이 〈한겨레〉 시민편집인 일을 그만두신 것과 내가 객원논설위원 일을 계속 하게 된 것에 대한 이야기가 나왔다. 내가 그 동안의 일을 자세하게 설명하면서 〈한겨레〉 옥상 위에 올라가 김병수 실장과 이야기를 나눈 대목에 이르렀을 때, 윤구병 선생을 필두로 사람들이 이구동성으로 나에게 말했다.

"이 사람아, 그게 그만둬 달라는 얘기야. 냉정하게 '당신 짤렸다' 고 말할 수 없으니까 그만두라는 얘기를 그렇게 완곡하게 표현한 거야. 이 사람이 눈치도 없이 그걸 못 알아듣고 그냥 계속하게 해 달라고 떼를 썼구만. 〈한겨레〉도 입장이 참 난처했겠어. 그만둬 달라는 얘기를 제대로 못 알아듣고, 계속 하라는 말인 줄 알고 좋아했으니, 이제 와서 '아니다' 라고 할 수도 없고…."

잠시 동안 〈작은책〉 편집회의가 웃음바다가 됐다. 그렇게 나는 잠깐 동안 비정규직의 비애를 맛보았을 뿐이지만, 몇 년 동안을 계속 그런 불안 속에서 살아가야 하는 비정규직 노동자들이 이 땅에 800만 명이 넘는다.

5월, 광주 사람을
한 번만이라도 만나보십시오

광주에서 노동상담소를 운영하는 후배가 전화를 했다.

"지난번에 말씀드린 대로 노동조합 간부 교육 하나 부탁하려구요. 오실 수 있지요? 강연 날짜를 잡아야 하는데, 이번 5·18 때 광주에 오시나요?"

"못 갈 거 같습니다. 모임이 하나 있어서요. 지난번 모임 때 사람들이 다음 모임 날짜를 5월 18일로 정하기에 내가 '광주에 가는 사람들도 있어서 그 날은 모이기 어렵지 않겠느냐?'고 했는데도 모두들 별 말이 없더라구."

"점점 잊혀져 가는 광주로군요. 어쩔거나."

"……"

결국 5.18 때는 광주에 가지 못했다. 5월에는 광주 지역에 크고 작은 행사들이 워낙 많아서 마땅한 강연 장소를 구하지 못해, 6월이 되어서야 광주에 내려갈 수 있었다. 광주 YWCA 회관에 있는 '5·18 민중항쟁 추모관'에서 강연을 했다. 검은 천으로 벽을 두른 소강당의 3면 벽을 온통 열사들의 얼굴 사진이 둘러싸고 있어, 마치 그 분들의 얼굴이 내 이야기 속에 작은 거짓이라도 있는지 지켜보고 있는 듯 했다. 강연 끝 무렵, 표정두 열사의 사진이 눈에 들어왔다.

"표정두 열사는 제가 서울 광화문 근처에 있는 어느 연구소에 다니고 있을 때, 바로 우리 사무실 앞 거리에서 분신하셨습니다. 2년 전에 제가 광주에 왔을 때 망월동으로 저를 안내하셨던 분이 표정두 열사의 묘 앞에 섰을 때 '이 친구하고는 한 현장에 있었지요'라고 말하더군요. 그 사람 잘 지내고 있는지 모르겠네. 정○남라는 분인데…."

강연이 끝나고 회관을 나서니 비가 추적추적 내리고 있었다. 뒤풀이 장소로 가고 있는데 어느 청년이 내 옆으로 바싹 다가서더니 물었다.

"정○남 형님하고 잘 아시는 사이입니까? 당장 이리로 오라고 불러낼까요?"

뒤풀이 중간 중간에 그 청년이 공중전화를 사용하느라고 여러 번이나 식당 밖으로 나가는 걸 보았지만 행사가 모두 끝날 때까지 정○남 씨는 결국 오지 못했다. 집에 아직 안 들어왔다고 했다.

다들 알고 계시겠지만 '80년의 광주를 어떻게 받아들이고 있는가'를 확인하는 것이 처음 만난 사람을 이해하고 서로 신뢰하게 되는 데에 잣대가 되는 시대가 있었다. 교육을 마치고 노조 간부들과 저녁 식사를 하는 자리에서 내가 먼저 물었다.

"80년 5월에 광주에 계셨습니까?"

노동조합 부위원장이 상기된 표정으로 말하기 시작했다.

"난 정말 죽을 뻔 하다가 살아난 사람입니다. 도청으로 돌진하는 버스 안에 타고 있었는데 앞자리에 앉았던 여학생이 차를 뚫고 들어온 총알을 맞고 쓰러지는 거예요. 내 눈으로 직접 보았다니까요. 난 정말로 죽을 뻔했다가 살아난 사람입니다."

앞머리가 훤하게 벗어져 나이가 실제보다 훨씬 더 들어 보이는 위원장이 말을 끊었다.

"야, 그만해라. 나는 우리들부터 이제 더 이상 '광주'에 대해서 떠들지 말아야 한다고 생각합니다. 백 번 천 번 아무리 이야기해도 겪어보지 않은 사람은 절대로 이해하지 못합니다. 이제 '광주'를 직접 우리 몸으로 보여 주는 것 밖에는 더 이상 할 일이 없습니다. 광주는 이제 더 이상 말로 떠들어서 될 일이 아닙니다."

그 뒤로는 아무도 그 자리에서 더 이상 광주에 대해 말하지 않았다. 나는 내 얄팍한 속내가 드러난 것 같아 부끄러웠다. 식사를 마치고 식당 문 곁에 있는 공중전화에서 집으로 전화를 하고 있는데 누군가 100원짜리 동전 한 움큼을 전화기 위에 살며시 놓고 갔다. 돌아다보니 아까 그 머리가 벗어진 위원장이 벌써 저만치 가면서 혼잣말처럼 중얼거렸다.

"시외전화를 하시는 것 같아서요."

숙소에 들어와 누워 나는 그가 마지막으로 했던 말이 귓가에 맴돌아 늦게까지 잠들지 못했다.

"그때 총 들고 일어선 사람들이 이 땅에서 오로지 우리 광주뿐이었다는 그 엄청난 사실을, 우리가 어떻게 상상이나 할 수 있었겠습니까?"

자정이 훨씬 지나서야 겨우 정○남과 통화가 되었다. 두 달 전에 어느 노동운동 단체의 사무국장을 그만두었고 한 달 전부터 채소 행상을 시작했는데 무척 힘들다고 했다. 꼭두새벽에 나가 밤늦게 들어오는데 집에 와서는 몸을 가눌 수가 없을 정도라고 했다. 그러면서도 그는 다음날 망월동에 갈 때 꼭 함께 가겠다고 고집을 부렸다.

"비 오는 날은 완전히 장사를 못해버려라. 내 트럭으로 후딱 댕겨옵시다. 고물 트럭이라도 한 대 있응게 그것도 자가용이라고 엄청나게 편해버립디다."

다음 날 아침 그의 트럭을 타고 비바람 사이를 달려 망월동 묘역에 닿았다. 묘역에 들어서자마자 맨 먼저 눈에 띄는 글이 있었다.

'민족의 패륜아요 광주 학살과 자주 민주 통일의 원흉 전두환이 자기 죄를 은폐코자 담양군 고서면 성산 마을을 방문하여 세운 민박 기념비를 부수어 이곳에 묻었나니 이를 짓밟아 5월 영령의 원혼을 달래고 민주 대로를 함께 걸읍시다.' - 광주 민주동우회장 -

입구의 발 밑 언저리에는 바로 그 '기념비'라는 것이 모습을 약간 드러낸 채 비스듬히 묻혀 있었다. 그것을 '짓밟고' 5.18 광주민중혁명 희생자 묘역에 들어섰다.

정○남은 나를 내버려 둔 채 우산도 받지 않고 성큼성큼 언덕 위로 올라갔고 나는 묘역 맨 아래에서부터 천천히 돌았다. 사람들이 정성스레 접어 온 수천 수만 마리의 종이학들이 묘소 앞마다 놓여 있다.

도청 최후의 전사 윤상원…
'어머니, 조국이 나를 부릅니다'라는 말을 남기고 집을 나섰던 고등학생 전영진…
헌혈하고 나오다 병원 입구에서 총을 맞은 여고생 박금희…
아빠 영정을 들고 있는 아기의 사진으로 우리 모두에게 낯익은 조사천…
명동성당에서 할복 투신한 조성만…

의문사 노동자 신호수…
참교육 고등학생 김철수…
강경대, 이한열, 박승희, 이정순, 윤용하, 이철규, 이내창, 박관현…
그리고 다른 많은 무명열사들…

서울교대생이었던 박선영의 묘비 옆에는 어머니가 쓴 시가 비닐로 코팅 되어 놓여 있었다.

선영아!
죽도록 보고 싶은 내 딸아
진달래꽃 활짝 피는 그날 그때
이 어미의 찢겨진 가슴 쾅쾅 두드리며
앞산도 뒷산도 따라 울게 네 이름을 부르마.
어머니!
한 줌 재로 묻힐 뿐인 제 넋을
어머니도 알아주셨군요.
이제 저는 봄풀로 돋아나는
어머니의 가슴이군요.
그래 선영아!

네 눈물로 가슴에 불을 붙이고
네 이름으로 싸워 이기마.

통일염원 44년 11월 16일, 어머니가

　일반 묘역으로 갔다. 윤상원 열사와 영혼 결혼식을 올린 박기순. 사람들이 많이 찾아온 탓에 그녀의 묘 앞에만 유난히 맨 땅이 붉게 드러나 있어 찾기 쉬웠다.
　그는 그대로, 나는 나대로 떨어져서 각각 두 바퀴 정도를 돌았다. 그런데 잠시 화장실을 다녀 온 사이에 그가 보이지 않았다. 멀거니 서 있는 나를 발견한 그가 주차장 근처에서 소리쳤다.
　"어디 갔었오? 빨리 오쇼. 비 맞고 섰지 말고."
　한때 '민족 전대'를 주름 잡던 수재였고, 그 후에는 성실한 선반공 노동자이자 치열한 활동가였던 그가 채소 행상을 하며 살아야 한다는 이 기막힌 현실이 선뜻 받아들여지지 않아 나는 돌아오는 차 안에서 한참 동안이나 아무 말도 할 수가 없었다. 그에게 '복학하는 게 어떻겠느냐'고 조심스럽게 말해 보았다.
　"그럼 뭘 먹고 살게라. 어머님이 중풍으로 쓰러져 벌써 5년 째 똥을 받아내고 있어라."

그날 밤 나는 꿈을 꾸었다. 망월동에서 내리는 비를 고스란히 맞으며 그를 찾아 이리저리 돌아다니는데 어디선가 갑자기 커다란 확성기 소리가 찌렁찌렁 울려 나와 묘역을 덮는 것이었다.

"망월동에 잠드신 열사님들, 싱싱한 감자, 토마토, 계란이 왔습니다. 어서 나와 한입씩 맛 좀 보쇼. 싱싱한 감자, 토마토, 계란이 왔응께. 빨리 나와서 한 입씩 깨물어 보더라고. 표정두 동지, 어서 나와 한 입만 깨물어 보더라고."

허겁지겁 달려가 주차장 입구에 다다라서 보니, 멀리 주차장 끝 트럭 안에서 그가 마이크를 잡고 계속 떠들어대고 있었다. 손으로 콧등을 훔치는 게 멀리서도 보였다.

친한 후배가 죽었다가 다시 살아나 거리를 미끄러지듯이 돌아다니는 것도 보였다. 그 후배의 머리 위로 수천 수만 마리의 종이학들이 날아다니고 있었다. 다음날 나는 그 꿈 이야기를 여러 사람들에게 해주었다.

"아직도 광주를 이야기하느냐? 그게 무슨 진부한 화제냐?"고 말하는 사람이 있다면, 광주 사람을 한 번만이라도 만나 보십시오. 절대로 "아니올시다"입니다.

후배에게 해 줄 말

후배는 '이제 사생결단(死生決斷)할 때가 되었다'는 생각이 들었다고 했다. 회사에 사표를 내고, 갖고 있는 돈을 톡톡 털어 보니 20만 원이 남더란다. 60만 원쯤 하는 비행기 표는 카드로 긁고, 단돈 20만 원만 달랑 들고 캐나다 밴쿠버로 날아갔다.

일주일 만에 남자 친구를 찾았고, 사랑하는 남자 친구에게 새로운 여자 친구가 생겼다는 사실을 확인한 후배는 '아름다운 이별'과 '뼈 아픈 말' 사이에서 무척 고민했다고 한다. 남자 친구가 자신과 헤어진 것을 두고두고 아쉬워할 만큼 아름다운 여인으로 기억되는 일과 자신의 원망을 영원히 잊지 못할 만큼 뼈 속 깊이 사무치는 매정한 말을 남기는 것 중에서, 후배는 어떤 것을 선택했어야 옳았을까? 후배는 남자 친구에게 이틀 동안 "잘 해 주고" 돌아왔다고 했다. 서울에 돌아왔을 때, 남은 돈은 한 푼도 없었다.

밥이나 먹자고 찾아 온 후배가 말했다.

"선배님께 오랜만에 찾아오면서 꽃이라도 한 다발 사들고 오고 싶었어요. 그런데 정말로 돈이 한 푼도 없는 거예요. 이런 상황을 상상할 수 있어요?"

밥을 먹고 차를 마시는 동안, 후배는 자꾸 나에게 보채듯 말했다.

"뭐 해 줄 말 없어요? 나한테 뭐 해 줄 말 없냐구요?"

나는 겨우 이렇게 말했다.

"너는 이제 어른이야. 어른이 된다는 것은 자기 고민을 남에게 말하기가 점점 더 어려워진다는 뜻이지. 혼자 깊이 사유함으로 깨닫는 수밖에…."

"……."

"이제 인생의 한 '챕터'를 넘긴 거야. 그렇게 생각하자구."

후배는 가면서 마지막으로 또 물었다.

"정말 나한테 해 줄 말 없어요?"

나는 잠시 생각하다가 말했다.

"죽지 마."

"예…."

후배는 잠시 생각하는 얼굴이 되더니 그래도 웃는 얼굴로 "고마워요."라고 했다. 후배의 얼굴에 번지던 슬픈 웃음이 '그 후로도 오랫동안' 남았다.

자서전을 맡다

조화순 목사님을 아시는지요? 우리나라 '위장취업' 노동자 1호라고 소개되는 분이다. 70년대 민주노조 동일방직 투쟁을 비롯하여 민주화 운동의 중심에 있었던 사람이다. 이 분의 자서전을 준비하는 사람들이 있다. 이영희 선생님의 〈대화〉나 문익환 목사님의 평전을 읽고나서 그에 못지않은, 어찌 보면 훨씬 더 소중한 이야기들을 간직하고 있는 조화순 목사님의 일대기를 정리해야 한다고 생각한 사람들이 그 과업을 나에게 맡겼다. "하종강이 바쁜 것은 세상이 다 아는 일이지만 하던 일을 잠시 중단하고 맡아야 할 만큼 중요한 일이다. '조직'의 결정이니 따르기 바란다."는 전화를 받은 것이 두 달쯤 전이다.

나는 "나한테 활동을 잠시 중단하라고 하는 것은 의사에게 병원 문을 잠시 닫으라고 하는 것이나 마찬가지로 부담스러운 일이다. 고민해보겠다."라고 답했다. 그 전화를 나에게 처음 한 사람이 의사였기 때문이다. 긴 고민 끝에 나는 결국 '조직'의 결정을 받아들이기로 했다. 노동문제 - 기독교 - 동일방직, 이 세 가지를 모두 아우르면서 적당한 '글빨'이 있는 놈이 나밖에 없다는 데야 할 말이 별로 없었다.

지금으로부터 25년쯤 전에 나는 유난히 동일방직 노동자들과 잘 어울려 다녔는데 하루는 조화순 목사님이 나를 불러 앉히더니 "도덕적인 문제가 발생하지 않도록 조심해라. 운동하는 사람들은 도덕적으로 더욱 순수해야 한다. 인생 선배가 하는 충고이니 기분 나빠하지 말고 귀담아 들어라. 인간은 누구나 그런 유혹에 빠질 수 있다. 절대로 실수하면 안 된다."면서 아주 호되게 야단을 치신 적이 있었다.

동일방직 노동자와 함께 오랜만에 조화순 목사님을 뵙고 함께 사진을 찍으면서 "그때 우리가 혹시 잘못될까 봐 조 목사님이 나를 불러놓고 얼마나 호되게 야단 치셨는 줄 알아?"라고 했더니 이 동일방직 친구는 "그런 일이 다 있었어?"라며 웃었다. 조 목사님이 "야, 나는 지금도 더 걱정되는데?"라고 하셔서 모두 크게 웃다가 사진에 찍혔다.

그 무렵 내 친구 하나가 나와 같이 동일방직 노동자들과 곧잘 어울리곤 했는데 그 친구는 결국 동일방직 해고 노동자와 결혼했다. 그러니까 조화순 목사님은 괜히 엉뚱하게 나한테만 신경을 쓰셨던 거다. 그 생각만 하면 지금도 억울하다.

정신병원에서

꽤 오랜 기간 동안 한 달에 한 번씩 정신 병원에 다녀 올 일이 있었다. 내가 치료를 받아야 하는 환자는 아니었으니까 놀라시거나 긴장하실 필요는 없다.

여사 24병동. 처음 면회가 허용되던 날, 병동에 들어서는 내 등 뒤에서 덜컹 소리를 내며 닫히던 철문은 어찌 그렇게도 '우리 기쁜 젊은 날'에 듣던 소리와 닮았던지.

내가 면회를 다니던 사람이 퇴원한 뒤에는 그 이를 데리고 가끔 외래 진료를 받으러 갔다. 정신병원에서 환자들과 섞여 앉아 있으면, 몸과 마음이 멀쩡하다는 것만으로도 참 행복에 겨운 일이라는 생각이 저절로 들었다. 돌아오는 길에 양 손 가득 들린 한 달 치의 약은 그 이가 평생 지고 살아야 할 삶의 버거운 무게로 느껴지곤 했다.

대기실에서 차례를 기다리는 동안, 옆의 할머니 한 분과 참하게 생긴 젊은 여자가 나누는 이야기를 들은 적이 있다.

"아가씨가 환자유?"

"예. 그런데 할머니는요?"

"우리 딸 애 때문에 왔지."

"그러셨군요. 따님은 결혼하셨어요?"

"그럼, 아들이 벌써 스무 살인데. 아가씨는 결혼했수?"

"예."

"남편은 뭐하는 사람인데?"

"남편이 죽었어요. 우리 애가 아직 일곱 살밖에 안 됐는데."

"그래서 여길 오게 되었구만."

"예."

할머니가 "그래도 아직 처녀 같으우."라고 칭찬을 하자, 그 젊은 여자는 "처녀 같다구요? 내가 이렇게 멋도 하나 안 부리고 화장도 안한다고 조카가 날더러 좀 꾸미고 다니라고 화장품도 사 주고 그랬어요."라고 웃으며 답했다. 저는 아무 말 없이 건너편 의자에 앉아 책을 읽고 있었는데, 그 사람들의 대화가 나에 대한 내용으로 이어졌다.

"저 사람은 참 멀쩡하다. 그자?"

"정말 그러네요. 저 사람은 어떻게 하다가 여기까지 오게 되었을까요?"

"그거야 모르지. 그러게 사람은 겉만 봐서는 모른다니까."

나는 그 사람들을 쳐다보면서 그냥 씨익 웃었다. 그 사람들도 마주 웃어 주었다. 동병상련이라고, 다 이해한다는 듯이.

노동자들과 함께 있으면 내가 노동자이고 싶듯이, 나는 그 무렵, 한 달에 한 번씩 그 사람들과 똑같이 어울려 이야기를 나눌 수 있는 정신병자가 되고 싶다는 사치스런 생각이 들기도 했다. 어려운 사람을 돕는 것보다, 더욱 중요한 것은 어려운 사람과 같은 사람이 되는 것이라는 진리를 실천하기란 정말 어려운 일이다.

그 정신병원 벽에 붙여진 환자들의 글을 베껴 온 적이 있었는데 며칠 전에 책상 정리를 하다가 찾았다.

〈밤비〉

간 밤은 몰라요
잊었어요
새벽이 작은 창문을 노크하듯
그렇게 사랑은 왔어요

커튼을 젖히니

유리창은 뽀얗게 젖어 있어요

따뜻한 당신의 손길이 남긴 흔적

그렇게 당신은 내 밤을 지켰어요

방문은 굳게 잠겨 있었지요

당신은 살며시 내 잠 속에 스며 들어와

내 꿈을 수 놓았어요

난 몰라요

그냥 그냥

당신이 다녀간 흔적에

당신의 슬픔이 묻어 있다는 것밖엔…

　　　　(1989년 5월 1일 국립서울정신병원 병동에서)

〈마음〉

나는 죄가 없어요. 사랑한 죄밖에는…

나는 죄가 없어요. 좋아한 죄밖에는…

당신이 날 싫어해도 어쩔 수가 없어요

그냥 그렇게 그냥 그렇게 놔두어줘요
보고 싶으면 쳐다보게 놔두어줘요
사랑하고 싶으면 사랑하게 놔두어줘요
그냥 그렇게 그냥 그렇게 놔두어줘요

정성스럽게 써진 글씨로 벽에 붙어있는 이 시들을 읽으면서 나는 '가슴이 미어진다는 것이 이런 느낌이로구나' 깨달았는데, 다른 사람들도 그럴지는 잘 모르겠다.

한탄강 서정

어느해 월간 '길' 7월호에 실린 유홍준의 '나의 문화유산답사기' 첫머리는 이렇게 시작된다.

"예부터 시인, 문사, 가객, 묵객들은 강물의 도도한 흐름을 빌어 인생을 노래하고 역사를 이야기하였다. 이기영의 '두만강', 한설야의 '대동강', 문순태의 '영산강', 이미륵의 '압록강은 흐른다'. 한강은 남북으로 갈라 신경림은 '남한강', 정태춘은 '북한강에서'를 노래했고, 섬진강의 상류는 김용택이 즐겨 시로 읊었는데 하류는 박경리의 '토지'가 휘감고 돌아갔다.

(중략)

이리하여 삼천리강산의 모든 강에는 임자가 생기게 되었고, 후대 작가의 몫으로 남겨진 만경강, 동진강, 보성강, 섬강 들마저 어느새 신진작가들이 다투듯 침을 발라버렸다. 그리하여 서정인은 그저 '강'을 말하고 이정환은 '샛강'까지 얘기해 버렸으니 임자 없는 강이 또 있을까 싶게 되었다. 그런 중 이상하게도, 정말로 이상하게도 가장 먼저 임자가 나설 법도 한 강 하나가 아직 남아 있다. 그것은 한탄강이다."

잠 안 오는 새벽에 일어나 여기까지 읽다가, 나는 가만히 앉아 있을 수가 없었다. 30분쯤 온 집안을 샅샅이 뒤진 끝에 드디어 26년 전에 찍은 빛 바랜 사진 한 장을 찾아냈다. 시화 액자 하나를 찍은 사진인데, 가물가물한 글씨를 자세히 들여다보니 그 제목은 "한탄강 서정"이고 오른편 맨 아래에는 지은이 이름이 있는데, 거기에 이렇게 씌어져 있다.
'高 ― 하종강'
"물, 그것은 포효하는 龍"이라는 다소 유치찬란한 표현으로 시작되는 그 시의 맨 마지막 연은 다음과 같다.

휴전선 넘어서 온다는 냉풍에
올 풀려 버린 내 마음이
까실까실
거치른 소름을 돋운다.

일찍이 26년 전, 고등학교 1학년 때 나는 한탄강에 침을 발라 버렸던 거다. 그것을 유홍준 교수가 몰랐던 거다.

중학교 3학년부터 고등학교 2학년까지 나는 세 번의 여름을 한탄강에서 지냈다. 방학이 되기가 무섭게 한 달 가량의 살림거리를 싸 들고 한탄강으로 달려가, 어느 집 빈 외양간을 빌어 지냈다. 내가 다니고 있던 교회 원로 목사님이 예전에 금강산으로 땅을 사러 가다가 금강산보다 더 좋은 곳이 있어서 사 둔 땅이라고 했다. 그 분이 써 주신 편지 한 장을 들고 그곳에 찾아가면, 칙사 대접은 아니어도 아쉬운 대로 숙식을 제공 받을 수 있었다.

복숭아 과수원에서 반나절 일하는 것으로 밥값을 하고, 남은 시간에는 강에서 멱을 감거나 개울에서 가재를 잡으면서 시간을 보냈다. 돌아오기 전날 밤에는 연례행사처럼 그동안 열심히 일을 해 주었던 과수원에 복숭아 서리를 갔는데, 송아지만큼 큰 개에게 쫓기다가 서너 걸음 폭은 넉넉히 되는 개울을 나도 모르게 훌쩍 뛰어넘은 적도 있다.

고등학교 1학년 여름에는 떠나기 이틀 전에 인천에서 친구들이 내려왔고, 그 해에도 어김없이 마지막 날 밤에 복숭아 서리를 가서 친구 교련복에 복숭아를 잔뜩 담아 왔는데, 그 친구가 다음날 아침 아무 생각도 없이 그 옷을 맨살에 그냥 입어버리는 바람에 복숭아털 알레르기로 심한 고생을 하기도 했다. 그때 우리들은 그 친구가 복숭아털 알레르기로 그만 죽어버리는 줄 알았다.

비가 부슬부슬 오던 어떤 날, 3면만 가마니로 둘러 쳐진 화장실에서 일을 보다가 밭두렁 사이로 엉금엉금 기어 나오는 두꺼비를 생전 처음 보고 혼비백산 놀라 '이 놈은 방사능 때문에 돌연변이를 일으킨 초능력 개구리가 틀림없다'고 하루 종일 고민했던 기억도 새롭다.

밥을 먹다가 밥상 위로 엉금엉금 기어 올라오는 하늘소를 보고 소스라치게 놀란 적도 있다. 그 커다란 벌레가 느릿느릿 움직이면서 풍기는 놀라운 위엄이라니.

밤이 되면 깜깜한, 정말로 깜깜한 숲에 들어가는 날이 많았다. 인가 하나 없는 숲에 해가 지면 얼마나 깜깜하던지. 별빛마저 없는 밤이면 정말로 코앞이 보이지 않았다. "어두움이 고체의 질감으로 주변을 감싼다"는 표현이 실감났다. 옛날에 임꺽정이 몸을 숨겼다고 전해 오는 동굴이 절벽 중간에 있었는데, 그곳에 들어가 박쥐들과 함께 명상에 잠기기도 하다가, 촛불을 켜고 책을 읽기도 하다가, 아는 노래를 기억나는 대로 모두 불러 보기도 하다가, 귀신을 만나기도 하다가, 답답하면 소나무 기둥뿌리를 붙들고 몸부림쳐 보다가, 이윽고 새벽녘에 '득도했다'는 착각으로 '발바닥이 땅에 닿지 않게' 산을 걸어 내려온 적도 있었다. 그렇게 씨름하기를 한 달쯤 하고 나면 나중에는 소나무 기둥뿌리가 거의 다 뽑혔다. 그렇게 매년 한 그루 씩 모두 세 개의 소나무 기둥뿌리를 뽑았다.

그렇다. 내가 3년 동안 여름마다 그곳을 찾은 이유는 바로 그 때문이었다. 그것이 해결되지 않고는 밥을 먹어도, 공부를 해도, 길을 걸어도, 모두 무의미한 일상에 지나지 않을 뿐이었으니 어쩔 수 없었다. 사춘기의 소년이 쉽게 빠질 수 있는 함정이었다. 그 뒤로 어떤 이가 종교나 철학이나 이데올로기에 관한 문제로 나를 설득하려고 덤비면 나는 그 사람에게 농담처럼 말하곤 한다.

"당신이 나하고 그 얘기를 하려면 최소한 소나무 기둥뿌리 세 개는 뽑고 와야 돼."

그렇다면, 3년이 지난 뒤부터는 왜 그곳에 가지 않았는가. 갈 필요가 없어졌기 때문이다. 나는 마침내 득도했던 것이다. 72년 여름, 진리는 깊은 산 속에서 홀로 깨닫는 것이 아니라는 생각이 내 머리를 떠나지 않았다. 진리는 사람들과의 관계 속에서 깨달을 수밖에 없다는 '도(道)'를 깨우친 나는 열흘 만에 미련 없이 짐을 꾸렸다.

짐을 꾸린 나는 그날로 산을 두 개 넘어 '승일교'에 다다랐다. 그곳까지 가야 집으로 오는 버스를 탈 수 있었으니까. '승일교' 이야기를 하지 않고 지나갈 수가 없다. 전쟁 와중에 그 다리 절반을 남한 정부가, 나머지 절반을 북한 정부가 만들어 이승만의 '승' 자와 김일성의 '일' 자를 하나 씩 따서 '승일교'라는 이름을 지었다는 그럴듯한 구전이 있으나, 알고 보니 남북한 정부가 절반씩 그 다리를 완성한 것은 사실이지만 이름의 내력은 그것이 아니더라는 얘기는 유홍준 교수의 책에서도 이미 언급되고 있거니와, 유홍준 교수가 놓친 게 있다.

　승일교에 갈 기회가 있는 사람은 한번 자세히 살펴보시기 바란다. 내가 걸어서 건너본 다리 중에서는 최고로 높은 그 다리의 모양새가 좀 특이하다. 다리 남쪽 절반과 북쪽 절반의 교각이 서로 다른 모습을 하고 있다. 반쪽은 유선형인데 반해 나머지 반쪽은 직선형이다. 지리적 특성을 감안한 설계의 차이일지도 모르겠으나, 만든 이가 다르다고 어찌 모양까지 저렇게 절반씩 나누어 가졌을까 하는 생각을 일찍이 어린 시절에 했었다.

　나는 돌멩이를 한 움큼 주워 두 손에 담아들고 승일교 한 가운데에 가서 섰다. 까마득한 밑에서 검푸르게 흐르고 있는 한탄강 위로 돌멩이를 하나씩 떨구었다. 돌멩이는 한참 동안 강물 위로 가물가물 떨어져 내려갔다. 다리가 어찌나 높던지 손끝과 오금이 저렸다. '다시는 내 유년의 부끄러운 기억이 담긴 이곳에 오지 않으리….' 두견새가 전깃줄에 앉아서 구슬피 울었다 전깃줄에 앉은 두견새. 사람들이 그럴 리 없다고 하지만, 나는 분명히 보았다. 그리고 26년 동안 그곳에 갈 일이 없었다. 일찍이 26년 전에, 나는 이미 한탄강에 침을 바르다 못해 아예 먹어 버렸던 거다. 그것을 유홍준 교수가 몰랐던 거다.

결혼 뒤 처음으로 안해가 한 달 넘게 집을 비워 아무 일도 손에 잡히지 않던 어느 날, 26년 만에 그곳에 다시 찾아 가보았다. 갑자기 마음이 내켜서 훌쩍 갔다. 집에서 출발해 휴게소에도 들리면서 뉘엿뉘엿 갔는데 4시간이 채 안 걸렸다. 그렇게 가까운 곳에 다시 찾아가는 데 26년의 세월이 걸린 셈이다.

기억을 더듬어 그 여름의 현장 가까이 가면서 나는 가슴이 두근거렸다. '가다 보면 문득 길옆으로 깎아지른 듯 절벽이 떨어지고, 그 아래 푸르다 못해 검은 강물이 뚝뚝 묻어나는 곳이 있었는데… 바위 사이를 흐르는 강물 소리가 천지사방에 소나기 내리는 소리처럼 들렸었지. 나는 그 소리만 듣고 밤새 소나기가 퍼붓는 줄만 알았지.'

아, 마침내 그곳을 찾을 수 있었다. 인적 드물었던 강변에는 급류타기 코스가 생겨서 사람들이 북적거렸다. 불도저로 이곳저곳을 밀어붙여 콘크리트 건물을 올리는 공사들이 한창이었다. 그러면 그렇지. 이렇게 좋은 곳을 26년의 세월이 흐르는 동안 사람들이 그냥 내버려 둘 리가 없지….

내가 묵었던 외양간이 있던 곳으로 가 보았다. 외양간 자리에는 조악한 민박집이 일자형으로 들어서 있고, 그 옛날 두꺼비를 생전 처음 보고 혼비백산했던 '3면 가마니 벽 변소' 자리에는 신기하게도 신식 화장실이 여전히 자리 잡고 있었다.

외양간 앞을 흐르던 개울물은 여전히 맑고 차가웠다. 행여나 싶어서 개울가의 바위 몇 개를 들추어 봤으나, 투구를 쓴 듯 머리가 큰 친근한 토종 가재는 보이지 않았다.

공사장에 날품을 팔러 나왔던 동네 할머니 두 분이 그늘에 앉아 쉬고 있다가 나를 물끄러미 바라보신다.

"할머니, 제가 26년 만에 여기에 와 봤거든요. 아주 많이 변했습니다. 그때는 사람이 거의 없는 곳이었는데…."

"그럼. 많이 변했지. 이제는 차가 여기까지 다 들어온다우."

"그러게요. 그 전에는 승일교에서 내려 산을 두 개나 넘어야 올 수 있었는데요."

"맞어. 저 위로 산을 넘는 길이 있었지. 그 길은 사람들이 안 다녀서 지금은 없어졌다우. 이 길로 곧장 차 타고 들어가도 승일교가 나오지. 아직은 비포장 도로지만."

밤에 올라가 소나무 기둥뿌리를 뽑던 숲에 들어가 보려고 조금 깊게 들어갔더니, 두껍고 높은 담이 둘러쳐 있고 길목에는 '기도원 안내소'가 있다. 그 안에 앉아 있는 똑 떨어지게 생긴 젊은 여자가 유리창 너머에서 묻는다.

"어떻게 오셨나요?"

"아, 제가 26년 전에 여름마다 와서 저 위 과수원에서 한 달 동안 일했던 사람인데요. 26년 만에 와서 잠시 둘러보려구요."

그 여자는 표정 하나 흩뜨리지 않고 말했다.

"저희는 둘러보는 것은 허락하지 않습니다. 성도님들께 방해가 되기 때문입니다."

아, 나는 난감해졌다. 어떻게 하나 지금 이 자리에서 '당신이 나를 들여보내야 하는 이유'에 대해서 토론을 벌여야 하나, 잠시 생각하다가 결국 포기했다. 26년 만에 다시 그 자리에 앉아 보고 싶은 '감상'을 뚝 떨어지게 생긴 그 여자에게 구걸할 수는 없었다. 내 젊은 날의 현장에 다시 서 볼 수 있는 권리를 위해 돈 몇 푼을 내기는 더욱 싫었다. 까치발을 하고 기도원 담 너머로 들여다보다가 발길을 돌렸다. 그 여자에게 "수고하십시오"라는 인사는 잊지 않았고(사실 이 인사는 '계속 고생하시오'라는 뜻이니 저주에 가깝다), 여자는 표정 하나 흩뜨리지 않은 채 로봇처럼 형식적으로 "예"라고 답했다.

'승일교'에 가 보았다. 돌멩이를 몇 개 주워 다리 가운데에 섰다. 가물가물 밑에 보이는 검푸른 강물이 어찌나 멀게 보이던지 오금이 저렸다. '이렇게 높았나, 예전에는 커 보이던 산천도 어른이 되어 찾아가 보면 작아 보이기 마련인데, 이 다리는 어째 더 높아진 것일까.' 26년 전에는 한참을 기다려야 지나가는 차 한 대를 구경할 수 있었던 그 다리 위로 쉴 새 없이 차들이 지나갔다. 강물 위로 돌멩이를 하나씩 떨구었다. 26년 전과 같이 돌멩이들은 한참 동안 가물가물 멀어지며 떨어졌다. 나는 26년 만에 내 인생의 분기점에 서 보았다.

안테나와 벌이는 끊임없는 전쟁

아마추어 무선사들은 평생 동안 '안테나와 전쟁'을 한다. 하나의 안테나가 전파를 '받는' 역할만 하는 것이 아니라 '보내는' 역할까지 해야 한다는 변증법적 모순이 문제의 시작이다. 모순된 존재는 당연히 대립 갈등한다. 같은 안테나가 전파를 '보내기도' 하면서 동시에 '받기도' 해야 하는데, 이것은 이율배반이다. 그러니까, 잘못하면 자신이 보낸 전파를 바로 자신이 되받아버리는 일이 발생한다. 자기가 발사한 전파를 멀리 있는 다른 안테나로 보내지 못하고 자신이 고스란히 되돌려 받는 것이다.

따지고 보면 자신이 보낸 전파를 받을 수 있는 조건은 바로 그 안테나 자신이 가장 잘 갖추고 있다. 근자필승(近者必勝)의 원칙이다. 자신이 보낸 전파를 다른 안테나에게 보내지 못하고 자신이 고스란히 되돌려 받으면, 그 전파를 감당하지 못해서 나중에는 결국 무전기가 고장나고 만다. 마지막 출력을 담당하는 부속품이 파괴된다. 여지없이 반드시 그렇다.

　그걸 전파공학 용어로는 SWR(standing wave ratio)이라고 한다. 우리말로는 '정재파비'라고 한다. 안테나의 길이를 조금 늘이고 줄이는 것에 따라 믿을 수 없을 정도로 큰 차이가 난다. 안테나의 길이를 조금 못 맞추면, 그 무전기는 자신이 보낸 전파를 자신이 고스란히 되돌려 받다가 결국은 생명을 마치게 되는 것이다.

　사람도 그렇다. 자신의 넘치는 감정을 다른 사람이 전혀 받아 주지 않아서, 자신이 고스란히 되돌려 받아야 한다면, 가슴 가득 넘치는 그리움을 아무도 받아 주는 이가 없어서 혼자 되새김질해야 한다면 어떻게 될까?

　우리는 지금 다른 이에게 끊임없이 전파를 보내고 있는 많은 안테나들에 둘러싸인 채 살아가고 있는 것이다. 우리가 알거나, 또는 모르거나.

지연아~

 우리 사무실에서 나한테 오는 전화를 받는 직원이 있다. 바로 내 홈페이지에 가끔 '지여니~'라는 이름으로 글을 올리는 사람이다. 우리 사무실에 전화를 해보셨던 분들은 그 예쁜 목소리를 기억할 것이다. 목소리 못지 않게 마음과 얼굴도 예쁜 사람이다.
 그 '지여니'가 금요일에 감기 기운이 있다고 조퇴를 했고 토요일에는 휴무로 쉬었는데 병원 중환자실에 있다고 하더니 그만 일요일 새벽 두 시에 하늘 나라로 갔다는 것이다. 가족들은 경황이 없어서 의사가 해 준 말을 제대로 기억도 못하고 있고 서울의대 간호학과 출신으로 공인노무사가 된 우리 연구소 연구실장의 짐작으로는 '전격성 간염' 같다고 했다. 처음에 감기 기운이 있을 때 며칠 동안 다녔던 동네 의원에서 혈액 검사를 하는 등 제대로 진단했다면 죽지 않을 수 있었을 거라고 했다.
 그래서 한동안 정신이 없었다. 아래 글은 우리 사무실에서 추모 행사가 열렸을 때, 지방에 와 있느라 참석을 못해서 다른 직원이 대신 읽어 준 글이다.

김지연씨의 메신저 아이디 'kt114love'를 처음 봤을 때부터 저는 각별한 느낌을 받았습니다. 한국통신에서 114 안내원으로 일한 경력이 있다는 뜻인데, 그 무렵 한국통신 비정규직 114 안내원들이 소속된 '한국통신계약직노동조합'이 역사상 가장 길고도 강고한 투쟁을 했기 때문입니다.

517일 동안 그 사람들은 인간이 할 수 있는 모든 싸움을 다 했습니다. 영하 20도의 추운 겨울날 분당 본사 앞 길거리에서 잠자며 노숙농성을 했고, 세종문화회관을, 국회를, 목동전화국을 점거하기도 했습니다. 건물 계단에 사무실 집기들로 바리케이드를 치고 뽀얀 최루탄 가스 속에서 경찰들과 대치하던 한국통신 비정규직 노동자들 속에도 114 안내원들이 있었습니다. 목동전화국 옥상에서 펄펄 내리는 눈을 맞으며 경찰에 잡혀갈 때까지 목이 터져라 구호를 외치던 114 안내원 여성 노동자들의 모습을 생생히 기억하는 저로서는 'kt114love'라는 아이디가 눈에 확 들어올 수밖에 없습니다.

김지연씨를 처음 만난 날, 물어 보았습니다. "한국통신 비정규직 투쟁할 때, 저 본 기억 없어요?" 김지연씨는 잠시 뭐라고 대답해야 할

지 망설이는 표정이었습니다. 잠시 뜸을 들인 뒤 "저는 그 싸움 같이 못했어요."라고 답했습니다. 바로 앞에 있는 제가 잘 알아듣지 못할 정도로 입 속에서만 맴도는 작은 목소리였습니다.

그날 이후, 그 일에 대해서 우리는 더 이상 이야기하지 않았습니다. "그 싸움 안 했어요."가 아니라 "그 싸움 같이 못했어요."라는 표현만으로도 우리는 이미 많은 이야기들을 주고받은 것이나 마찬가지였기 때문입니다. 김지연씨에 대한 첫 번째 기억은 그것입니다. "그 싸움 같이 못했어요."라고 작은 목소리로 답하던 쓸쓸한 얼굴.

우리 사무실에서 한 달에 30회 가량 되는 제 강의 스케줄을 알고 있는 사람은 김지연씨밖에 없습니다. 요즘은 강의 요청 전화를 받으면 김지연씨가 제 스케줄을 보고 스스로 판단해서 강의를 받거나 거절했습니다.

"소장님, 그날 경주 강의가 12시에 끝나시잖아요. 4시간이면 충분히 청주에 도착할 수 있을 것 같아서요, 그날 오후 4시 충북도청 공무원노조 강의 요청은 제가 그냥 할 수 있다고 답했어요."

처음으로 김지연씨가 강의 요청을 스스로 판단해서 결정했던 날, 그렇게 말하던 낭랑한 목소리가 아직도 귀에 생생합니다. 요즘은 제가 받는 강사료까지 지연씨가 결정해 줄 때가 많았습니다. 처음에는 "강사료와 교통비를 얼마나 드려야 하냐고 물어보는데, 뭐라고 답하죠?"라고 물어봤지만 요즘은 이렇게 말하기도 했습니다.

"직원이 몇 명 안 되는 작은 노동조합이라고 해서요. 제가 그냥 형편대로 내면 된다고 했어요. 우리 소장님은 강사료에 별로 신경 쓰지 않는 분이라고 말씀드렸어요."

"그러다가 나 굶어 죽으면 어떻게 하라고?" 농담을 하면서도 그렇게 말하는 지연씨가 참 이뻐 보였습니다. 김지연씨는 그런 일을 전혀 싫어하지 않는 표정으로, 아주 재미있다는 듯 열심히 했습니다. 정말 생각할수록 고맙습니다.

제가 회의실에서 인터뷰를 하고 있을 때 들여보낸 메모지에는 지연씨가 쓰다가 틀린 글씨를 '화이트' 수정펜으로 지우고 다신 쓴 흔적이 남아 있습니다. 메모지 한 장도 그렇게 깔끔하게 정성을 기울여 썼습니다. 그 '포스트 잇' 메모지를 버리지 않고 수첩에 끼워 두었는데, 이제는 그 메모지가 지연씨를 추억하는 기념품이 되고 말았습니다.

우리 어머니가 교통사고를 당하셨을 때도 "지금은 괜찮으시죠? 어른들은 나이가 있으셔서 병이 생기거나 다치면 큰 고생이시던데."라고 제 홈페이지에 글을 남긴 사람이 바로 지연씨였습니다.

우리 아들 머리 스타일을 보고는 "넘 멋나요. 머리스타일도 무언가에 열중해서 그것을 사고 아끼고 모으는 것에…. 저도 레게 머리 하고 싶었는데, 이젠 할 기회가 없지만, 지운님 담에 머리는 어떤 스타일인가요?"라고 물어보기도 했습니다.

제 홈페이지 대문이 바뀌었을 때는 조금 긴 글을 남기기도 했습니다. "깜짝 놀랬어요~ ^^ 오늘 아침에 들어왔다 잘못 들어온 줄 알고 나갈 뻔 했습니다.^^ 지운이 작품인 거죠? 3월을 맞아 새 단장도 하고 넘 새로워요!! 상큼하다고 해야 할까. 날씨는 넘 변덕스러워 추운데 맘은 벌써 봄이니.^^ 조금 이런 날씨가 지겨우려고 해요. 빨리 얇은 옷 입고 가볍게 다니고 싶은데…. 3월 잘 시작하셨죠? 이번 달도 더 많이 웃으시고, 마음이 따뜻해지는 한 달 되시길 바랄게요. 오늘도 강의하시느라 수고 많으셨습니다.^^"

제 강의 일정표를 보고는 "오전, 오후를 기재해 주시면 답변하기 조금 편할 듯한데요. 가능할까요?^^"라고 아이디어를 내기도 했습니다. 그래서 그렇게 고쳤습니다.

제가 오래 전에 '뱅○' 상표의 허접한 운동복을 하나씩 돌렸던 것 기억하실 겁니다. 우리 동네 '이마트'에 갔다가 싸게 파는 걸 보고 식구들이 하나씩 사 입었다가 그 다음날 가서 직원들 몫으로 여러 개를 샀습니다. 그 옷을 하나씩 나누어 준 며칠 뒤, 지연씨에게 "지연씨 몸에 맞는 치수가 없었어요. 너무 커서 입을 수 없으면 누구 줘도 괜찮아요."라고 했더니, 지연씨는 활짝 웃으며 "집에서 잠옷으로 입고 있어요. 잘 때 입으면 아주 좋아요."라고 했습니다.

시골에서 농사짓는 분이 저에게 사무실로 무공해 고구마를 한 상자 보냈을 때 지연씨가 어떻게 했는지 아마 기억하실 겁니다. 지연씨는 고구마 상자를 끌러서 작은 봉투 여러 개에 깔끔하게 나누어 담아 사무실 사람들에게 골고루 나누어 주었습니다. 저에게는 "특별히 다른 사람들보다 두 배쯤 담았다."고 말하며 웃었습니다.

'오마이뉴스'에 올라간 제 글에 사람들이 몇 만원의 원고료를 기부했을 때는 "저도 소장님께서 도울 선생처럼 어머마마마~한 원고료를 받으셨음 하는데.^^; (그럼 저희 맛난 거 하나 더 챙기시겠죠?^^)"라고 댓글을 달아 주었습니다.

이번 여름 휴가 때는 제가 사무실에 너무 오랫동안 나가지 못해 지연씨에게는 전혀 신경을 써 주지 못했는데도, 지연씨는 휴가 갔다 와서 선물이라고 녹차 세트 두 개를 예쁜 쇼핑백에 담아 주었습니다. 그 안에 편지도 들어 있었습니다.

"소장님, 휴가 잘 보내고 오셨죠? 휴가 갔다 오셔도 소장님을 애타게 기다리는 분들의 SOS로 넘 바쁘시네요. 같은 곳으로 휴가를 다녀와서 저의 작은 선물이 더 작아 보이네요. (다른 곳으로 다녀왔음 더 큰 선물이 될 수 있었는데…) 차가 그리울 때마다 가지고 다니시거나, 집에서 편하게 드시라고 티백으로 준비했어요. 이 차는 먹어 본 결과 시원하게 즐기는 것도 맛난 거 같아요. 항상 강의하시느라 힘든 목, 오늘은

이 차로 피로를 풀어주세요. 멋진 소장님의 목소리가 한결같길 바라며… 저의 작은 마음입니다."

이번 추석에는 작은 고마움이라도 표시해야지, 생각하고 있었는데 그 고마움을 표현할 기회도 주지 않고 지연씨는 하늘 나라로 가버렸군요.

지연씨가 제 홈페이지에 8월 12일에 남긴 글이 저에게는 지연씨의 마지막 말이 되고 말았습니다.

"소장님, 맛나는 점심식사는 하시고, 일하시는 거죠?"

저는 앞으로 맛나는 점심을 먹을 때마다 지연씨가 생각날 것입니다. 오늘 아침 커피 전문점에서 메모판에 붙어 있는 '포스트 잇' 메모지를 보다가도 목이 울컥 잠겼습니다. 비행기 안에서 서비스로 주는 녹차를 마시다가도 지연씨 생각이 났습니다.

강원도 고성에서 돌아오는 길에 차 안에서 영화 '키다리 아저씨'를 보았습니다. 극중 라디오 진행자는 프로그램을 끝내며 말했습니다. "사랑하기 좋은 시간, 김지연이었습니다." 아, 진행자 이름이 왜 하필 또 김지연이야…. 생각하면서 길가의 나무를 보다가 눈물이 났습니다.

길에서 잰걸음으로 걷는 작은 몸집의 여성을 볼 때마다 김지연씨 생각이 나겠지요.

'뱅○' 운동복을 입은 우리 집 식구들을 볼 때마다, 그리고 저도 실내복으로 사용하고 있는 그 운동복을 아침 저녁으로 입을 때마다 지연씨 생각이 나겠지요.

생협에서 보내주는 무공해 고구마를 먹을 때도 지연씨 생각이 나겠지요.

영원히 그랬으면 좋겠습니다. 지연이가 섭섭해하지 않도록…. 우리들 머리에서, 가슴에서 지연씨의 흔적이 지워지지 않고 영원히 남았으면 좋겠습니다. 길을 걷다가 문득 눈물이 나오면 길가의 풀잎도 따라 울었으면 좋겠습니다.

지연씨가 죽었다는 연락을 처음 받은 월요일부터 지금까지 매일 강의가 있었습니다. 지금 이 글도 대전 민주노총 사무실에서 남의 컴퓨터를 빌려서 쓰고 있습니다. 월요일 날, 강의하기 전에 사람들에게 지연씨의 죽음에 대해서 말했습니다.

"가족 말고는 저와 가장 가까운 사람이 죽었는데, 제가 마치 아무 일도 없었던 것처럼 태연하게 강의할 수 있다면…. 만일 그것을 하늘나라에 있는 김지연씨가 알면, 얼마나 섭섭해할까요? 그것은 인간에 대한 예의가 아니라고 생각합니다. 옛날 같았으면 머리를 풀어헤치고 식음을 전폐한 채 며칠 동안 울기만 해도 그 서러움을 다 표현할 수 없었을 겁니다. 그러니까 제가 오늘 강의하다가 평상심을 잃고 헤맨다고 해도, 여러분들, 너그럽게 용서해주시기 바랍니다."

그렇게 말하다가 저는 목이 잠겼습니다. 듣고 있던 사람들 중에서도 눈물을 닦는 사람들이 있었습니다.

그날 저녁, 영안실에서 김지연씨 어머니를 뵈었을 때 말했습니다.

"일 잘했다는 얘기는 들으셨죠? 사무실에서도 얼마나 몸집이 날랬는데요. 걸음 하나도 천천히 걷지 않았어요. 그렇게 일을 잘했어요."

아, 그렇게 말한 것은 저의 실수였습니다. 어머니가 그 말을 듣고 더 많이 우셨으니까요. 옆에서 지연씨 고모도 울면서 말했습니다. "그렇게 빨리 죽으려고, 지연이가 그렇게 예쁘고 똑똑했나 봐요."

지연아, 하늘나라에서 부디 행복해라. 이 다음에 꼭 다시 만나자.

김/지/연, 그 이름 세 글자를 우리들 가슴에 묻습니다.

살다 보니, 노동부에서

살다 보니, 노동부 공무원을 대상으로 노동 교육을 해 달라는 부탁을 다 받았다. 그것도 노동절 기념행사에서. 그렇게 하겠노라는 대답이 얼른 나오지 않았다. '노동부에서 하는 일에 끼어들어 괜히 욕먹을 일 없다.'는 생각이 아직 싹 가시지 않았고, '나와는 전혀 다른 쪽에서 노동문제를 오랜 세월 다뤄온 사람들에게 도대체 무슨 얘기를 하나' 싶은 부담감 때문이기도 했다. 두 번째 통화에서야 하겠노라고 답했다.

과천 정부청사에 거의 다 도착했는데 시간이 50분이나 남아서 서울 대공원 쪽으로 차를 돌렸다. 길가 천막에서 장사를 하는 할머니에게 음료수를 하나 사고 천 원짜리를 냈더니 할머니가 대뜸 큰소리로 말씀하신다.

"동전으로 줘!"

내가 동전이 없다고 했더니 할머니는 또 버럭 역정을 내면서 소리 지르듯 말씀하신다.

"주머니에서 동전 소리 들리는구만."

주머니를 뒤져보니, 나는 전혀 몰랐는데, 아, 정말 동전이 있는 것이다. "700원밖에 없다."고 했더니 할머니는 "그냥 그것만 줘!"라고 또 큰 소리로 말씀하신다. 동전을 드리면서 "할머니 거의 귀신이시네요."라고 했더니 할머니가 이렇게 답하셨다.

"나, 40년이야. 이 생활."

그곳을 떠나 과천 청사로 가면서 생각했다.

'그래. 나도 25년이니까, 잘 했든 못 했든 80년 9월부터 시작해서 노동자들과 부대끼며 살아온 세월이 25년이니까, 대한민국이란 나라에서 노동조합과 25년 동안 씨름해온 사람은 요즘 같은 시대의 공무원 노동자들에게 뭐라고 얘기하는지 한번 들어보자 하는 생각으로 들으라 하지, 뭐.'

그런 생각으로 씩씩하게 갔다. 6급 이하 직원들이 대상이었는데 강당에 모인 사람들은 아주 적었다. 사회자가 사람이 너무 적게 왔다고 몇 번이나 강조하기에 나는 강연 시작하면서 이렇게 말했다.

"사람들이 적게 모였다고 혹시 강사한테 미안해하실까 봐 말씀드리는데, 우리에게는 이것이 정상입니다. 우리가 가는 곳에는 항상 소수였습니다. 가끔 다수가 될 때가 있는데 그때가 오히려 어색합니다. 오늘 이곳에 오신 여러분도 지금 가지고 있는 그 생각을 바꾸지 않는 한, 평생 그렇게 살 각오를 하셔야 할 겁니다. 앞으로 여러분이 가는 곳에는 항상 소수일 것입니다. 절대로 의기소침해하지 마십시오."

강연 내내 계속 고개를 끄덕이면서 열심히 들어준, 머리가 훤하게 벗어지고 가장 나이가 많아 보이던 큰 체격의 공무원이 기억에 남는다.

강연 끝나고 노동부장관(예전에는 '형'이라고 부르던 사람이다.)을 만나 차 한 잔 마실 시간을 가졌는데 "노동부 전체 직원 대상으로 강연할 기회를 한 번 더 만들어보겠다."고 했다. 지난번에는 경총 회장이 와서 강연을 했다고 한다. 경총 회장보다 훨씬 더 잘 해야 할 텐데. 그래야 우리 나라 노동운동에 도움이 될 텐데… 그런 생각으로 부담스러웠다. 그날 저녁 정태인이 인천 우리 집 근처에 왔다고 전화를 했다. 나는 축협 노동자들 만나러 춘천으로 열심히 가고 있는 중이었다. 열심히 수다 떨던 중에 어디서 벌써 술 한잔을 걸친 듯 한 정태인이 장난스럽게 말했다.

"형도 노동부장관 한번 해 보지 그래?"

나는 이렇게 답했다.

"노동부장관보다 나는 지금 내가 하는 일이 더 좋다고 생각해. 그리고 노동부장관 오늘 만나 봤는데, 장관실도 코딱지만 하고 뭐 별 거 없더만…"

마치 연애하는 사람들처럼

　파업을 준비하고 있는 병원 노동조합의 간부가 전화를 했다. 파업 첫날 오라고 했지만, 이미 다른 일정이 잡혀 있어서 갈 수 없는 상황이었다.
　"제가 요즘 너무 바빠시요. 급하게 연락이 오는 사업장의 투쟁에는 결합하지 못하는 경우가 많습니다. 죄송합니다."라고 했더니, 그래도 어떻게 오는 수가 없겠냐고, 자기들은 어차피 철야 농성을 하고 있으니 새벽 시간이나 밤 늦은 시간에 와도 괜찮다고, 혹시 다른 일정이 취소되거나 하면 즉시 연락을 달라고 했다.
　내가 "어떻게든 시간을 내 볼 테니 기다려 달라."고 말하자, 간호사 출신인 그 노조 간부가 말했다.
　"우리들을 너무 오래 기다리게 하지는 마세요."
　그 말이 며칠 동안 계속 내 뒤통수를 잡아끌었다. 며칠이나 지나서야 어렵게 시간을 내 찾아갔다. "기다리게 해서 미안하다."고 말했다.

대한민국의 재벌들이나 수구보수 정치인들이나 입에 거품을 품고 동료를 헐뜯는 노동자들에게는 한 번도 미안함을 느껴본 적이 없지만, 이런 노동자에게는 항상 미안한 마음이 느껴진다. 내 말을 듣고 그 간부는 또 이렇게 말했다.

"우리를 며칠 동안이나 기다리게 만드셨지만, 소장님을 원망해 본 적은 없어요. 참 이상해요. 우리를 며칠 동안이나 기다리게 만든 사람이 왜 하나도 원망스럽지 않지요?"

나는 그 말에 대꾸했다.

"그런 표현은 연애하는 사람들이나 하는 말이에요. '나를 너무 오래 기다리게 하지는 마세요. 그러나 당신을 원망하지는 않겠어요.' 누가 들으면 연애하는 줄 알겠어요."

나는 마치 노동조합과 연애를 하는 것 같다. 그것도 짝사랑을…. 그래서 죽도록 사랑하는 연애를 하는 청춘남녀들이 별로 부럽지 않은가 보다. 계속 이렇게 살 수 있었으면 좋겠다.